Für Hermann A. Sachse

und

P. Paul Weinert

Wein und Politik

Ein Verhältnis der besonderen Art

Martin Sachse-Weinert

Impressum:

Herstellung und Verlag:

Books on Demand GmbH, Norderstedt 2010.

ISBN: 978-3-8423-3514-1.

Ich danke meiner Frau Michaela für die Unterstützung beim Lektorat des Manuskripts.

Alle Photos vom Verfasser. Titelbild: Silvaner Spätlese vom Weingut Max Markert vor dem Sitz des Bayerischen Landtags, dem Maximilianeum in München.

Anmerkungen in eckigen Klammern innerhalb von Zitaten stammen vom Verfasser; auf einen entsprechenden expliziten Hinweis wurde jeweils verzichtet.

Inhaltsverzeichnis

Prooenologicum:
Homo politicus vinosus

„Dort warteten schon viele Freunde von ACHIM SCHWICKERT, die ihm zu seinem Sieg bei der [Landrats-]Wahl gratulieren wollten. An erster Stelle hier der noch amtierende Landrat PETER PAUL WEINERT, der mit einem Glas **Wein** auf den Erfolg von ACHIM SCHWICKERT anstieß."[1]

Wein lässt sich mit Politik vergleichen. Zwar ist der Genuss von **Wein** üblicherweise eine gustatorische Wahrnehmung, häufig auch olfaktorischer Natur, zu steigern allenfalls durch eine synästhetische Erfahrung, also eine alle Sinne umfassende Empfindung, die Augen und Ohren in die Eindruckswelt mit einbezieht.

---

[1] Nassauische Neue Presse, 09.06.2009.

Doch Politik vermag ebenfalls den Menschen auf vielfältige Weise, ja: in ihren gesellschaftlichen Auswirkungen allumfassend zu prägen. Im Folgenden findet sich eine kurze Abhandlung, die eine bislang kaum beachtete Beziehung zwischen **Wein** und Politik aufzeigt – und deren Lesen am besten von einem Glas **Wein** begleitet wird. Sie wissen schon – wegen der Synästhesie …

Warum Politik? Nun, **Wein** ist omnipräsent: Sei es im Rahmen von rauschenden Feiern oder endlosen Sitzungen, sei es im Rahmen von peinlichen Exzessen oder persönlichen Tragödien, sei es im Rahmen von rhetorischen Bonmots oder niederschmetternden Invektiven – **Wein** taugt für alles, im Guten wie im Bösen.

So ist es auch nicht verwunderlich, dass ein – vor allem damals noch in erster Linie – politisches Wochenmagazin wie DER SPIEGEL dem Thema bereits eine Titelgeschichte widmete: Unter der anklagenden Schlagzeile „Wasser im **Wein**?" wurde Mitte des Jahres 1961 die Lage des deutschen **Weinbaus** vorgestellt.[2]

Dass wir uns im Folgenden vor allem auf die guten Aspekte konzentrieren wollen, liegt in der Natur des **Weins** und unserer persönlichen Überzeugung. Dass darüber hinaus auch die Schattenseiten zu nennen sein werden, liegt in der Natur der Politik – vor allem derer, die eine falsche machen. Es sei an dieser Stelle offen gelassen, welche Personen und Parteien dafür verantwortlich zu machen sind; dies sei der Meinung eines jeden Einzelnen überlassen. Grundsätzlich aber kann man (fast immer) sagen, dass diejenige eine gute Politik ist, die gut für **Wein** ist – ob mit Atomkraft oder ohne[3], ob mit Hartz IV oder ohne, ob mit Subvention oder – doch nein, die Subventionierung von **Wein** erscheint immer gerechtfertigt, diese Einschränkung scheint uns angemessen.

---

[2] DER SPIEGEL, 19.07.1961.
[3] Vgl. dazu das Kapitel „Die Macht liegt im Kern".

Wer also (wieder einmal) Anzeichen von Politikverdrossenheit zeigt, wer der festen Ansicht ist, an dieser oder jener Stelle hätten „die da oben" doch anders handeln müssen, besäßen sie „nur ein bisschen Verstand" und wüssten sie, was der „gemeine Bürger am Stammtisch" so denke – der lehne sich entspannt zurück, schlage dieses Büchlein auf und öffne eine Flasche **Wein**. Sorgen, so sagt der Volksmund, könnten zwar im Allgemeinen gut schwimmen, aber ein Schoppen **Wein** vermag sie dann doch zu ertränken. Prost!

Wein macht Staat.

Was will man von der Regierung eines Staates halten, in der ein neuer Bundeswirtschaftsminister (RAINER BRÜDERLE) mit der Schlagzeile angekündigt wird: „Botschafter für **Wein** und Mittelstand"?[4] Was will man von der Opposition eines Landes halten, in der eine einstige **Weinkönigin** (JULIA KLÖCKNER) zur „Erlöserin" ihrer Partei stilisiert wird?[5] Fakt ist, **Wein** spielt (manchmal glücklicher-, bisweilen fataler-weise) eine gewichtige Rolle in der lokalen, nationalen und internationalen Politik Deutschlands – ohne dass seine diesbezügliche Rolle bislang genauer untersucht worden wäre. Nachfolgende Zeilen sollen dieses Manko ein wenig lindern, indem sie vor dem Hintergrund aktueller Berichte der

---

[4] Süddeutsche Zeitung, 28.10.2009.
[5] a. a. O., 22.02.2010.

deutschen Presse aufzeigen, wie der Rebensaft unser tägliches Leben bestimmt.

Dabei sind es durchaus nicht nur die allseits geläufigen BRÜDERLES („BRÜDERLE arbeitet [...] emsig daran, sein **Weinfestkönig**-Image aufzupolieren."[6]) und die überall bekannten KLÖCKNERS („Die Staatssekretärin berichtet aus ihrer Zeit auf dem **Weingut**, über das Theologie- und Politikstudium in Mainz. Dann der Journalismus, aber: ‚Der **Wein** hat mich nie ganz losgelassen.'"[7]), die im Mittelpunkt unserer Betrachtung stehen. Erwähnung finden sollen auch Politiker, die vielleicht nur aufgrund ihres Namens eine Thematisierung verdienen (wie etwa der Bundestagsabgeordnete HARALD **WEINBERG** von DEN LINKEN[8]) oder Orte, an denen bedeutsame politische Ereignisse stattfinden: „In der **Weinstädter** Kelterhalle redet [der designierte baden-württembergische Ministerpräsident STEFAN] MAPPUS von ‚richtig verstande-

---

[6] Handelsblatt, 04.02.2010.
[7] Allgemeine Zeitung, 20.02.2010.
[8] Vgl. dazu Süddeutsche Zeitung, 26.01.2010.

nem Patriotismus', lobt die Weimarer Reichsver-
fassung und das Grundgesetz."[9]

Dabei kann es vorkommen, dass vor allem der
Wirtschaftsminister mehr mit früheren Funktionen
als mit aktuellem Können in Verbindung gebracht
wird: „RAINER BRÜDERLE leidet unter seinem
Vorgänger. KARL-THEODOR ZU GUTTENBERG hatte als
Wirtschaftsminister eine derart gute Figur gemacht,
dass der frühere rheinland-pfälzische **Weinbauminister** BRÜDERLE in seinem Amt oft ungelenk
wirkt."[10] Andererseits findet sich eine Charakteri-
sierung seiner Person auch unter einer so wohl-
wollenden Überschrift wie „Der Unterschätzte"; das
dem so ist, dafür muss man allerdings weiter lesen
als den ersten Absatz: „RAINER BRÜDERLE (FDP)
schien der ewige Verlierer der deutschen
Innenpolitik zu sein. Seit der frühere Minister für
Wirtschaft und **Weinbau** aus Mainz in die Bundes-
politik gewechselt war, begleitete ihn der Spott der

---

[9] Frankfurter Allgemeine, 10.02.2010.
[10] tz München, 29.06.2010.

Medien. Sie nannten ihn den ‚KARL MOIK der Wirtschaftspolitik' und verhöhnten ihn als ‚Windmaschine'."[11]

Doch auch die eigene Kanzlerin, auch ANGELA MERKEL ist nicht geneigt, besondere Rücksicht im Umgang mit BRÜDERLE walten zu lassen: „Der Freidemokrat gehört zu jenen Mitgliedern ihres Kabinetts, deren Wirken sie eher misstrauisch verfolgt. Das beginnt mit der rheinisch-**weinseligen** Mentalität, die der Norddeutschen wenig liegt."[12] Vielleicht erinnert ihn seine manchmal etwas burschikose Art auch ein wenig an einen Amtsvorgänger, nämlich den ehemaligen rheinland-pfälzischen **Weinbauminister** OSKAR STÜBINGER, der das Ziel seiner Politik „'mit feinem Sinn für publikumswirksame Formulierungen' (‚Süddeutsche Zeitung') unlängst so präzisierte: ‚Es muß mehr gesoffen werden.'"[13].

---

[11] Handelsblatt, 29.06.2010.
[12] Frankfurter Rundschau, 03.09.2010.
[13] DER SPIEGEL, 19.07.1961.

Wir kommen nicht umhin, noch etwas bei BRÜDERLE zu verharren; zu viel bieten seine Vergangenheit und Gegenwart für dieses Thema, wobei es gerade Gegensätze sind, die ihn auszeichnen und für die Presse so faszinierend werden lassen: „Ambitionen auf den Parteivorsitz wurden ihm schon früher nachgesagt, Chancen hatte er keine. Zu provinziell wirkte der **Weinminister** aus Rheinland-Pfalz, der Titel ‚Mister Mittelstand' klang immer etwas spöttisch, er passt nicht zu einer Partei, die sich jung und dynamisch gab in Zeiten der New Economy. Doch das ist lange vorbei. […] Als er Minister für Wirtschaft und **Weinbau** in Rheinland-Pfalz war, förderte er vor allem Winzer, Bauunternehmer und andere Mittelständler mit Subventionen. Die **Weinbauförderung** steigerte er um 200 Prozent. Er küsste **Weinköniginnen** und ließ sich mit 1368 von ihnen fotografieren, damit kam er ins ‚Guiness'-Buch. Einmal lud ihn HARALD SCHMIDT zum ‚Saufen mit

BRÜDERLE' in seine Show. Es gab natürlich **Wein**, und BRÜDERLE trank fröhlich mit. [...]¹⁴

▲ Kuppel des Deutschen Bundestags in Berlin (entworfen in Anlehnung an einen **Schaumweinkorken**?).

Auch der neue politische Shooting-Star der CDU, die jugendliche Bundesfamilienministerin KRISTINA SCHRÖDER, mag da nicht abseits stehen und bekennt, dass **Wein** ihr Lieblingsgetränk sei. So trifft sie sich jedes Jahr am Tag vor Weihnachten mit Freunden aus der Schulzeit: „'Wir werden bei

---

[14] DER SPIEGEL, 30.10.2010.

einem Glas **Wein** darüber reden, was so alles passiert ist und was sich geändert hat.'"[15] Vielleicht (wir wollen es nicht wirklich hoffen) war dies auch ein Auswahlkriterium für den neuen Aufgabenbereich, denn ihre Vorgängerin, die jetzige Bundesarbeitsministerin URSULA VON DER LEYEN, nennt als Ausgangspunkt ihrer Karriere: „Babysitting. Später habe ich in Göttingen in einer **Weinkneipe** gekellnert …"[16]

Vielleicht handelt es sich beim Genuss von **Wein** ja auch um einen Initiationsritus in der CDU bzw. CSU? Diesen Eindruck könnte man jedenfalls gewinnen, zöge man Schlussfolgerungen aus dem Ende des Artikels „Schwarz-gelbe Harmonie & ein hautenger Hosenanzug" in der BILD: „Die Ersten gehen um Mitternacht, die Letzten bleiben bis ein Uhr. Da hätte man ein schönes Abschluss-Familienfoto machen können: ‚Mutti' MERKEL beim **Rotwein**

---

[15] Berliner Zeitung, 23.12.2009.
[16] Bunte, 06.05.2010.

mit ihren beiden Jungstars: KARL-THEODOR ZU GUTTENBERG (CSU) und PHILIPP RÖSLER (FDP)."[17]

Es freut uns sehr, dies vermelden zu können, wurde der Bundeskanzlerin – im Gegensatz zu ihrem christdemokratischen Vorgänger HELMUT KOHL, der diese Kunst wohl perfekt beherrschte – vorgeworfen, sie könne nicht „in die Partei hineinhorchen": „ANGELA MERKEL geht mit Leuten, die widerstreben, nicht zur rechten Zeit in den **Weinkeller**."[18]

Von großem Vorteil ist es da, jemanden um sich zu haben, dem von (fast) allen Seiten nur Lobenswertes attestiert wird: „Etwas ganz Un-gewöhnliches in der Bundeshauptstadt: ein Minister, der sich auf fremdes Terrain begibt! Ein Politiker, der sich nicht in den Verästelungen seines

---

[17] BILD, 13.01.2010. Den „hautengen Hosenanzug", von dem angeblich manch männlicher Teilnehmer der verspäteten koalitionären Weihnachtsfeier noch am Tag danach schwärmte, trug übrigens – glücklicherweise – nicht ANGELA MERKEL, sondern KRISTINA SCHRÖDER (damals: KÖHLER).

[18] tz München, 01.07.2010.

Fachgebiets verliert. Ein CSU-Mann mit der Gabe zum großen Wurf. Beim anschließenden Glas **Wein** im Haus der deutschen Wirtschaft waren alle voller Lob: was für eine Rede, welch bella figura!"[19] Um wen es geht? Nun, diese Apotheose gebührt niemand Geringerem als Bundesverteidigungsminister KARL-THEODOR ZU GUTTENBERG anlässlich seines Vortrags im Rahmen der Verleihung des Deutschen Kulturförderpreises. Wir stellen fest: Nach Feuertaufe am Hindukusch und **Weingenuss** an der Spree – der Mann ist zu Höherem berufen!

Dabei war es doch einer seiner Vorgänger gewesen, der ehemalige CSU-Vorsitzende und bayerische Ministerpräsident FRANZ-JOSEF STRAUß, der eincm Anliegen der deutschen **Weinwirtschaft** einen Riegel vorgeschoben hatte: „Bundesverteidigungsminister STRAUß lehnte das Ansinnen des rheinland-pfälzischen **Weinbauministers** STÜBINGER, jedem Bundeswehrsoldaten täglich

---

[19] Handelsblatt, 13.09.2010.

einen Viertelliter **Wein** einzuschenken, strikt ab."[20]
Wir gehen davon aus, dass dies in weiser
Voraussicht geschah: In Zeiten der Reduzierung
von Streitkräften, ja: der Aussetzung der Wehrpflicht
bei gleichzeitigem Engagement in kriegsähnlichen
Situationen hätte ein Nachgeben gegenüber
STÜBINGERS Wunsch zur Folge gehabt, dass
heutzutage jeder Bundeswehrsoldat vor einem
Patrouillengang in Afghanistan zwei Flaschen
„Niersteiner Domtal" oder „Sprendlinger Wiesberg"
hätte leeren müssen – mit entsprechend fatalen
Folgen.

Dass **Wein** auch in höchsten Kreisen
angesehen ist, vermag uns nach diesen Erkennt-
nissen nicht zu verwundern – und stellt letztlich ja
die Grundlage dieses Büchleins dar. Sogar in
literarischem Zusammenhang ist **Wein** nicht
wegzudenken: „EDITH WELSER-UDE steckte bei einer
Lesung fest [und versetzte ihren Mann, den
Münchner Oberbürgermeister CHRISTIAN UDE beim

---

[20] DER SPIEGEL, 19.07.1961.

23

Oktoberfest]. ‚Bei einer **Weinlese**?', fragte AZ-Geschäftsführer DIETER SCHMITT. UDE lachte und sagte: ‚Nein, bei einer Buchlesung.'"[21]

Dieser Hinweis stellt eine willkommene Gelegenheit dar, einen näheren, gleichwohl nüchternen Blick auf das Münchner Oktoberfest zu werfen, das ja gemeinhin eher mit Bierkonsum denn mit **Weingenuss** in Zusammenhang gebracht wird. Doch dem Unkundigen sei gesagt: Es gibt auch auf dem größten Volksfest der Welt die Möglichkeit, stilvoll zu zechen: „Gestern war Bayerns First Lady KARIN SEEHOFER (53) wieder auf der Wies'n – nachdem sie schon am Samstag mit ihrem Mann beim Anstich bewirtet wurde, am Sonntag den Trachtenumzug genoss und am Montag im Hippodrom und im **Weinzelt** feierte."[22]

---

[21] Abendzeitung, 23.09.2010. Auch an anderer Stelle wird die Verbindung zwischen Literatur und Wein bemüht, die so abwegig also nicht zu sein scheint, denn auch „HERMANN RUCH, Leiter des Leseforums Bayern, fand [anlässlich einer Tagung] die passenden Worte: ‚Der **Weinberg** der Leseförderung ist in Unterfranken bestens bestellt.'" MainPost, 29.04.2010.
[22] tz München, 23.09.2010.

Auch in einem anderen Zusammenhang finden sich Zusammenhänge zwischen dem Volksfest und der Politik: „Dann brach die CSU bei den Kommunalwahlen ein und machte den nächsten Fehler: Sie lockerte das [Raucherschutz-]Gesetz. Weil der Sonntag der Landtagswahl in die Zeit des Oktoberfestes fiel, nahm sie ‚für ein Jahr' alle Bier-, **Wein-** und Fest**zelte** vom Gesetz aus. […] Der designierte Ministerpräsident und CSU-Chef HORST SEEHOFER, der als Bundesgesundheitsminister ein scharfer Hund für den totalen Nichtraucherschutz gewesen war, kündigte weitere Lockerungen an: In Bier- und **Weinzelten**, in Nebenräumen von Gaststätten und Diskotheken sowie in Einraum-kneipen mit bis zu 75 Quadratmetern Fläche soll künftig wieder geraucht werden dürfen."[23]

---

[23] Süddeutsche Zeitung, 02.07.2010. Eine Regelung, die im Übrigen durch den Volksentscheid zum Raucherschutz am 04. Juli 2010 gekippt wurde: Die bayerischen Bürger und Weintrinker votierten überwiegend für einen strikte Reglemen-tierung – und damit durch Nikotindunst uneingeschränkten **Weingenuss**.

Näher liegt es da schon, wenn man das Land Rheinland-Pfalz mit „**Wein**" in Verbindung bringt. In einem Interview mit dem dortigen Ministerpräsidenten KURT BECK leitet die Frankfurter Allgemeine Sonntagszeitung von bundesweiten Integrationsproblemen zur Landespolitik mit den Worten über: „Von den Treppen der Hauptbahnhöfe zu den **Weinbergen** der Pfalz: Für wie gefährlich halten Sie die Herausforderin JULIA KLÖCKNER?"[24]

Dass die Liebe zum **Wein** nicht immer Garant für politischen Erfolg ist, zeigt das Beispiel der zurückliegenden Präsidentenwahl in Deutschland: Trotz einer Vorstellung seiner Person in der BILD-Zeitung („Freizeit: GAUCK hört gern klassische Musik und UDO LINDENBERG, mag trockene **Weine**. Sein Lieblingsbuch ist ‚Wem die Stunde schlägt' von ERNEST HEMINGWAY."[25]) gelang JOACHIM GAUCK nicht der Einzug ins Schloss Bellevue; stattdessen war sein Gegenkandidat CHRISTIAN WULFF

---

[24] Frankfurter Allgemeine Sonntagszeitung, 26.09.2010.
[25] BILD am Sonntag, 20.06.2010.

erfolgreich. (Sollte an dieser Stelle jemand darüber sinnieren, GAUCK hätte die Wahl gewinnen können, hätte nicht die BILD-, sondern eine seriöse Zeitung über seine Passion berichtet – nun, auch diese Person wollen wir trösten; daran lag es nicht: „Als das geklärt ist, fragt er [= HANS JOACHIM GAUCK], ob er später noch einen Termin habe. Sein Sprecher nickt. ‚Dann nehm ich 'nen **Rotwein**. Aber nicht so kräftig.'"[26])

Ob WULFF ein Freund guter **Weine** ist, kann an dieser Stelle nicht zweifelsfrei geklärt werden, wir wollen dies einem deutschen Staatsoberhaupt aber gerne unterstellen. Zumindest hatte der ehemalige niedersächsische Ministerpräsident einen bekannten Vorgänger im Amt, der der **Weinwirtschaft** auch gewogen war: „Der Bundespräsident [= HEINRICH LÜBKE], ebenfalls um einen Beitrag zur Verschönerung der ‚Deutschen **Weinwoche**' gebeten, hatte artig ein Grußtelegramm an die

---

[26] DER SPIEGEL, 28.06.2010.

Festversammlung in der Stuttgarter Liederhalle gesandt."[27]

▲ Alkohol ist (in Maßen) gesundheitsfördernd und dient zudem der Sicherheit (Enteisung eines Flugzeugs auf dem Münchner Flughafen „Franz-Josef Strauß").

Dass **Wein** imstande ist, aus etwas scheinbar Alltäglichem etwas Besonderes zu machen, ist uns einsichtig und bedarf eigentlich keiner weiteren Erläuterung – höchstens eines Beispiels. Das Bestreben vieler Politiker, aus winzigen Wahl-bezirken und kleinen Dörfern weltpolitisch bedeut-

---

[27] DER SPIEGEL, 19.07.1961.

same Orte zu generieren, kann mit **Wein** unterstützt werden: „**Weinmetropole**, Solarmetropole, Pferde-, Langlauf- oder Weißwurstmetropole: Findige Bürgermeister nutzen jede Nische, um ihren Heimatstädt(ch)en den M-Titel zu verleihen. Der schindet Eindruck, bringt einen Hauch von Weltglanz in die abgelegene Provinz und lockt auch nicht selten Touristen an."[28] Kein Wunder, dass die „**Weinmetropole**" diese Auflistung anführt, denn wie es in der Überschrift zu diesem Kapitel heißt: „**Wein** macht Staat!" (Und dass man die „Metropolitis" noch enger fassen kann, zeigen die Beispiele der „**Frankenwein**-Metropole" Würzburg[29] oder gar der „Rieslingmetropole" Rüdesheim.)

Niemanden braucht es da zu verwundern, dass sich die betreffenden Städte gar zu einem Verbund zusammengeschlossen haben. Unter dem Namen „Great **Wine** Capitals Global Network" (GWC) vereinen so bekannte Städte wie Bordeaux,

---

[28] Financial Times, 27.09.2010.
[29] Vgl. dazu FrankenReporter Pressedienst, PM 09-10.

Florenz und Porto ihre Interessen; aber auch Zentren wie San Francisco (mit seinem Napa Valley) und Cape Town mit den umliegenden **Winelands** sind in dieser Gruppe vertreten. Und Deutschland? In Deutschland wurde 2008 Mainz (mit Rheinhessen) in diese erlauchte Vereinigung eingeladen, sind doch immerhin 35 **Weingüter** im Stadtgebiet vertreten.[30]

Dagegen das arme Würzburg! Zwar auch inmitten einer wundervollen **Weinidylle** gelegen und mit dem sog. Stein, den bereits JOHANN WOLFGANG GOETHE für seine Rebstöcke schätzte, in der ersten Liga deutscher Anbaugebiete vertreten, aber dennoch – sicherlich lediglich aufgrund mangelnder Einwohnerzahl – nicht in den erlesenen Kreis der **Weinmetropolen** aufgenommen. Statt dessen die Furcht, von einer anderen metropolitischen Namensgebung vereinnahmt zu werden, wie der Stadtrat und FDP-Bundestags-abgeordnete JOACHIM SPATZ von der FDP mutmaßt:

---

[30] Ausführlicher in Weinwelt, 5/2010.

„Dieser fürchtet schon, dass auf der Autobahn kurz vor Würzburg Schilder mit der Aufschrift ‚Hier beginnt die Metropolregion Nürnberg' stehen könnten. Dann doch vielleicht lieber das gute alte ‚**Weinfass** an der Autobahn' oder das geschmähte, aber immer wieder auftauchende ‚Würzburg – Provinz auf Weltniveau'."[31] In Bezug auf **Wein** auf jeden Fall!

Überhaupt scheint es erforderlich, dem deutschen **Wein** auch innerdeutsch zu mehr Geltung zu verhelfen, wenn seine Qualität doch schon aus berufenem ausländischen Munde verkündet wird: „Selbst der langjährige Präsident des Internationalen **Weinamtes**, der Besitzer des bekannten französischen **Weingutes** Châteauneuf-du-Pape, BARON LE ROY DE BOISEAUMARIÉ, gesteht unumwunden: ‚Der beste **Weißwein** der Welt wächst in Deutschland.'"[32] Wir freuen uns, dass ihm sogleich ein weiterer Franzose sekundiert: „Der

---

[31] Rheinischer Merkur, 15.07.2010.
[32] DER SPIEGEL, 19.07.1961.

zuständige Experte des Pariser ‚Institut National des Appellations d'Origine des **Vins**', Direktor LUGAN, bekannte: ‚Die deutschen **Weißweine** gehören zu den besten der Welt. Die **Weine** von der Pfalz, der Mosel und vom Rhein sind von köstlicher Qualität.'"[33]

Es vermag nicht zu verwundern, dass vor dem Hintergrund solcher Aussagen echte Männerfreundschaften gedeihen konnten wie die zwischen KONRAD ADENAUER und CHARLES DE GAULLE, HELMUT SCHMIDT und VALÉRY GISCARD D'ESTAING, HELMUT KOHL und FRANÇOIS MITTERRAND sowie GERHARD SCHRÖDER und JACQUES CHIRAC, die in trauter Zweisamkeit politisch manches erreichten, wobei auch der Wein eine bedeutsame Rolle spielte: „Selbst KONRAD ADENAUERS einstiger Intimus, HERBERT BLANKENHORN, hatte als Botschafter der Bundesrepublik in Paris seinen Kanzler mehrmals vergeblich gemahnt, Bonn müsse ‚dem General endlich reinen **Wein**

---

[33] a. a. O.

einschenken', sonst gäbe es eines Tages ,ein böses Erwachen'; deutsch-französische Freundschaft könne nicht Unterwerfung unter DE GAULLES Willen bedeuten."[34]

Zur Feier des 65. Geburtstages von GERHARD SCHRÖDER war zwar auch JACQUES CHIRAC eingeladen, das passende Geschenk überreichte jedoch ein anderer: „Außenminister STEINMEIER schenkte dem Ex-Kanzler nach Informationen der ,Bild am Sonntag' **Rotwein** und ein Krabbenessen auf Borkum für die gesamte Familie SCHRÖDER. Bei dem **Wein** handelt es sich demnach um eine Magnumflasche Opus One, ein exklusiver **Rotwein** aus den USA."[35]

Üblicherweise jedoch waren es durchaus die Franzosen, die deutsche Spitzenpolitiker mit edlen Gewächsen hofierten: „Wenn Pariser Bürgermeister früher wichtige Gäste im Rathaus begrüßten,

---

[34] DER SPIEGEL, 11.11.1964.
[35] WELT online, 18.04.2009.

machte die Stadt ihrem Ruf als Gourmet-Metropole immer wieder alle Ehre. Nur die feinsten Delikatessen wie Gänsestopfleber landeten auf den Tellern. Dazu ließen die Stadtoberen nur die erlesensten Tropfen kredenzen. Prominente Besucher wie HELMUT KOHL und GERHARD SCHRÖDER benetzten ihren Gaumen fast ausschließlich mit **Spitzenweinen** wie dem 1990er Pétrus oder dem 1986er Romanée-Conti. **Weine**, für die Normalsterbliche bis zu 1500 Euro zahlen müssen.“[36]

---

[36] Focus online, 02.08.2006. Die großen Feste mit den edlen Weinen haben nun allerdings ein Ende: Der sozialistische Bürgermeister BERTRAND DELANOË versteigerte am 20. und 21. Oktober 2006 einen Großteil seines gewaltigen Alkohol-Arsenals: Etwa 5.000 der Wein-, Champagner- und Schnaps-flaschen, die im Keller des Rathauses lagerten, kamen unter den Hammer, um Geld in die finanzschwache Metropole zu bringen.

Weinwirtschaften

Wem könnte man – siehe oben – mehr in Bezug auf **Weinqualität** Glauben schenken als RAINER BRÜDERLE? Insofern scheint den Staaten Europas und den Vereinigten Staaten in China nun nicht mehr ein nur industrieller, sondern auch im Hinblick auf **Wein** gefährlicher Konkurrent zu entstehen: „China, natürlich China. Der Minister fachsimpelt ein bisschen über das Reich der Mitte. Klimaschutz, Welthandel. Auch chinesischer **Rotwein** lasse sich inzwischen ganz passabel trinken."[37]

Vorteile sehen Politiker dagegen in einem neuen Handelsabkommen zwischen der Europäischen Union und Kolumbien bzw. Peru, denn:

---

[37] Handelsblatt, 04.02.2010.

„Neben der Autobranche würden die Exporteure von Milchprodukten, **Wein** und Spirituosen von der Öffnung der Märkte profitieren.“[38]

Dass transeuropäische und transatlantische Wirtschaftsbeziehungen, und umfassten sie selbst **Wein**, nicht immer störungsfrei funktionieren, vermag nicht zu verwundern, zumal dann, wenn es sich um ein eklatantes Ungleichgewicht der Volumina handelt: „Waren im Wert von 6,7 Milliarden Euro hat Deutschland im vergangenen Jahr nach Griechenland exportiert, während umgekehrt nur Güter für 1,8 Milliarden Euro von uns eingekauft wurden: Andere Länder wollen unsere Autos und Maschinen haben, aber wir halten uns beim Konsum von griechischem Schafskäse oder spanischem **Wein** zurück.“[39] Nun handelt es sich bei diesem Büchlein um keinen Ratgeber im eigentlichen Sinn, doch kommen wir hier um eine kleine Anregung nicht herum: Tränke

---

[38] Frankfurter Allgemeine, 02.03.2010.
[39] Frankfurter Allgemeine, 28.02.1010.

der Deutsche mehr (teuren) **Wein** aus Griechenland und Spanien, so würde das Staatsdefizit dieser Staaten bald behoben und die Europäische Union um ein Problem ärmer sein. Es ist überflüssig zu betonen, dass sich hier ein weiteres Mal die gesundheitsförderliche Wirkung von **Wein** zeigt: Staatskassen gesunden zeitgleich mit **Weingenuss** – das soll ein anderes Produkt erst einmal nachmachen!

Was wäre die Wirtschaft überhaupt ohne den **Wein**? Selbst simpelste Berechnungen basieren auf dem Rebensaft, wie die Aussagen des BMW-Finanzvorstandes Friedrich Eichiner belegen. „Am Tag nach einer Präsentation des neuen 5er in Lissabon hält der 54-Jährige ein **Weinglas** in der Hand, rechnet laut nach. Was das Glas wohl wert sei – ein Euro? […] Aber wie hoch die Marge ist und wie viel Schlamperei im Kostenmanagement sich die Zulieferer leisten dürfen, bestimmt der Konzern. Dabei helfen nüchterne Rechnungen wie mit dem

Weinglas."[40] Einschränkend sei an dieser Stelle hinzugefügt, dass erstens „nüchterne" Rechnungen auf der Basis von **Weingläsern** höchst selten sind und sich zweitens der Wert eines **Weinglases** sprunghaft mit dessen Füllung erhöhen kann.

Und auch an anderer Stelle steht **Wein** symptomatisch für Wirtschaftsleistung, wenngleich in negativer Hinsicht, wie der Vorsitzende des Deutschen Bauernverbandes, GERD SONNLEITNER, feststellen musste: „Im Ackerbau sank das durchschnittliche Unternehmensergebnis um 18 Prozent auf 43 000 Euro, im **Weinbau** gar um ein Fünftel auf 39 000 Euro."[41]

Vor dem Hintergrund solch eines Schwarzsehens in Bezug auf rote Zahlen stellt sich uns die Frage, ob der (zum Zeitpunkt des Interviews designierte) Maschinenbau-Präsident THOMAS LINDNER gut beraten ist, seine Zukunft in diesem

---

[40] Abendzeitung, 12.02.2010.
[41] DIE WELT, 11.12.2009.

Bereich zu sehen: „LINDNER: ‚Ich kann mir immer noch vieles vorstellen.' SZ: ‚Nämlich?' LINDNER: ‚[…] In zehn Jahren bin ich vielleicht **Weinbauer**.' SZ: ‚Besitzen Sie einen **Weinberg**?' LINDNER: ‚Einen kleinen in Ungarn.'"[42]

Wir wollen THOMAS LINDNER in Bezug auf seine Zukunftsperspektiven jedoch unterstützen, denn tatsächlich stieg der **Weinertrag** allein in Deutschland in den vergangenen Jahrzehnten signifikant an. Betrug er 1961 noch 4,3 Mio. Hektoliter, so wird er für 2010 mit 6,9 Mio. Hektolitern prognostiziert – und dies in einem Jahr, das unter eher schlechten klimatischen Bedingungen litt.

---

[42] Süddeutsche Zeitung, 07.10.2010. Allerdings stellt sich zugleich die Frage, ob dieses Zitat im Rahmen unserer Publikation überhaupt hätte abgedruckt werden dürfen, heißt es doch an gleicher Stelle: „Zum Politiker tauge er nicht, sagt LINDNER."

Die Macht liegt im Kern.

Wein und Atomkraft? Ein derartiger Zusammenhang scheint auf den ersten Blick nicht gegeben und selbst der zweite Blick erfolgt mit Verwunderung. Und dennoch! Dennoch zeigen einschlägige Berichte aus der Presse immer wieder eine unmittelbare Beziehung auf, wie die folgenden Ausführungen belegen sollen.

So gewinnt eine Meldung des STERN ganz neue Dimensionen: „1973 hatten sie [= Mitglieder der Landesregierung Baden-Württemberg] beschlossen, im Dörfchen Wyhl am Kaiserstuhl ein Atomkraftwerk zu bauen. Die Winzer fürchteten, die Nebelschwaden aus den Kühltürmen könnten ihrem **Wein** schaden. Da ließen sie die Sau raus."[43]

---

[43] STERN, 23.09.2010.

„Die Sau 'rausgelassen" wird in Baden-Württemberg auch derzeit wieder in Zusammenhang mit einem Großprojekt der Bundesbahn. Zwar wurden im Stuttgarter Schlosspark keine Rebstöcke, sondern Bäume gefällt, doch **Wein** spielte in diesem Zusammenhang ebenfalls eine Rolle, wenngleich – zugegebenermaßen – nicht vordergründig: „Der Landkreis Göppingen befürwortet die Tieferlegung des Stuttgarter Hauptbahnhofs und den Bau der Neubaustrecke nach Ulm. Der Kreistag hat mit großer Mehrheit eine Resolution gebilligt, die sich für die Realisierung des Milliardenprojekts ausspricht. Allerdings beschränkt sich der Kreis der Neinsager nicht auf die Grünen. Auch der SPD-Verkehrsexperte ARNULF **WEIN** (Süßen) und Teile der Freien Wähler (FW) stimmten gegen das Papier."[44]

---

[44] Stuttgarter Zeitung, 25.10.2010. Interessant auch der Verfasser dieses Artikels: EBERHARD **WEIN**.

Bleiben wir aber bei der Atomkraft. So warf Bundesumweltminister NORBERT RÖTTGEN JÜRGEN TRITTIN vor, „in seiner Zeit als Umweltminister beim rot-grünen Atomausstieg selbst in **Rotwein**- und Zigarrenrunden mit den Konzernen die Sicherheit ‚verdealt' zu haben."[45]

Wie man sich das vorzustellen hat? Nun, die Liebe von Vertretern der Atom-Wirtschaft zu **Wein** ist eine innige: „GROßMANN [= JÜRGEN GROßMANN, Vorstandsvorsitzender RWE] könnte sich jetzt ganz diesem barocken Lebensstil und seinen Besitztümern widmen. In seinem Feinschmecker-Restaurant ‚La Vie' in Osnabrück tafeln. Mal wieder sein australisches **Weingut** inspizieren."[46] – zumal harte Zeiten vorüber sind: „Die 1000 Tage Dürre, in denen der 58-Jährige keinen Tropfen Alkohol anzurühren seiner Frau versprochen hat, liegen hinter ihm. Der Eigentümer von **Weingütern** und

---

[45] Bayerische Rundschau, 04.10.2010.
[46] Süddeutsche Zeitung, 05.10.2010.

einem Restaurant spricht den geistigen Getränken wieder zu."[47]

▲ Das Reichstagsgebäude in Berlin. Giebel über dem Haupteingang.

Dass **Wein** geeignet ist, auch solch schwer wiegende Dissenzpunkte wie Atomenergie zu harmonisieren, zeigt folgendes Beispiel: „GERHARD SCHRÖDER und JÜRGEN GROßMANN. Zwei Männer mit Vorliebe für teure **Weine** und Skat, mit Hang zum Rustikalen – das passte. Im Regierungsjet

---

[47] Frankfurter Allgemeine Sonntagszeitung, 05.09.2010.

flogen beide um die Welt. ,Er ist gegen Kernkraft, ich bin für Kernkraft', sagt GROßMANN heute. ,Trotzdem sind wir die besten Freunde.'"[48] – selbst wenn die Süddeutsche Zeitung in diesem Zusammenhang unkt: „Kernkraftwerke werden in Deutschland noch betrieben werden, da ist mancher von GROßMANNS besten **Weinen** längst Essig."[49]

Bei so viel Kummer und Gram in Zusammenhang mit **Wein** ist es nicht abwegig, auch eine Verbindung zur Büchse der Pandora menschlicher Zerstörungskunst selbst herzustellen, wie bereits die Artikel-Überschrift „Atombomben-Spuren verraten **Wein**-Jahrgang"[50] aufzeigt. Diese manchmal auch als *ultima ratio* der Außenpolitik bezeichnete Waffe soll nun dazu dienen, „zusätzliches Vertrauen" zu schaffen, da „bis zu fünf Prozent des als hochqualitativ verkauften **Weins** gefälscht sind" – was sich mit Hilfe einer Isotopen-Analyse nachweisen lässt, wie der australische

---

[48] Süddeutsche Zeitung, 05.10.2010.
[49] a. a. O.
[50] SPIEGEL online, 22.03.2010.

Forscher GRAHAM JONES von der University of Adelaide auf der Jahrestagung der American Chemical Society berichtete. (Es sei dahingestellt, ob der **Wein** besser mundet, wenn man weiß, dass seiner Lese der französische Atombombenversuch auf dem Mururoa-Atoll unmittelbar vorausging. Es ist zu befürchten, dass Laie wie auch Connaisseur da selbst bei minderwertigen **Weinen** strahlen …)

Nicht immer allerdings wird **Wein** gleich mit Atombomben in Verbindung gebracht; manchmal liegt die Schwelle der Gefahrmittel auch niedriger: „Der SPD-Sicherheitsexperte PETER PAUL GANTZER hat aus Versehen einen Sprengstoff-Einsatz ausgelöst. Der ehemalige Landtags-Vizepräsident hatte seinem Nachbarn in Gronsdorf ein Paket mit seinem Lieblings-Rioja-**Rotwein** vor die Tür gestellt, dazu einen kleinen Dankesbrief. GANTZER vergaß allerdings den Absender. Wenig später tummelten sich Polizisten und Bombenhunde auf dem Grundstück."[51]

Wie eine Bombe schlug dagegen der Ausbruch von WOLFGANG SCHÄUBLE gegenüber seinem (inzwischen zurückgetretenen) Pressesprecher MICHAEL OFFER in das politische Leben Deutschlands ein. Wir fragen uns, wie dies möglich ist bei einem Politiker, der **Wein** so schätzt: „BZ: ‚Trinken Sie gerne auch mal ein Glas Kaiserstühler **Wein** oder bleiben Sie als Schwarzwälder dem Bier treu?' SCHÄUBLE: ‚Ich trinke gerne guten **Wein**. Vor allem **Rotwein**. Das liegt vielleicht auch am Alter, dass ich lieber roten mag. Klar trinke ich auch mal einen Kaiserstühler **Wein**, man muss aber sagen, dass wir in der Ortenau ebenfalls gute **Weine** haben.'"[52]

---

[51] Münchner Merkur, 22.10.2010.
[52] Badische Zeitung, 19.06.2009.

Empfänge und Präsente

Nicht wegzudenken ist der **Weingenuss** (manchmal auch: der **-konsum**) bei öffentlichen Auftritten, Veranstaltungen, Empfängen und Reden. Und wie anders als mit einer königlichen Feier könnte man in dieses Kapitel einsteigen: „In England gilt er [= deutscher **Wein**] als Society-Getränk, seit KÖNIGIN VIKTORIA die Liebe zu ihrem deutschen Prinzgemahl Albert auch auf die deutschen **Rheinweine** übertrug und vor allem die ‚Hochheimer' (‚The Hocks') am Hofe von St. James einführte."[53] Splendid, isn't it?

Erwähnt werden soll auch, um wie viel leichter sich beispielsweise politisch plauschen lässt, wenn Alkohol die Zunge gelockert hat: „Draußen, auf den

---

[53] DER SPIEGEL, 19.07.1961.

Fluren, reden die Gäste bei **Wein** und Häppchen über SCHÄUBLES Vortrag [zum Thema: ‚Wie sieht die Perspektive 2020 aus?'].“[54] Häufig hilft auch eine Flasche des Rebensaftes bei der Suche nach dem korrekten Präsent, etwa wenn sich „die JU-Kreisvorsitzenden Stadt und Land ARMIN DICKL und KLAUS WEIDINGER […] bei dem Franken [und bayerischen Innenminister] HERRMANN mit einem Fläschchen **Stiftswein**“ für seine Teilnahme an einer Opferschutz-Diskussion bedanken.[55]

Dabei hätte es sich angesichts aktueller Entwicklungen („Deutschland sei mit seiner Regelung, Bier und **Wein** bereits ab 16 Jahren zu erlauben, inzwischen in der Minderheit, sagte der hochrangige EU-Gesundheitsbeamte MICHAEL HÜBEL.“[56]) und der Feststellung eines direkten Zusammenhangs „zwischen Alkoholkonsum und

---

[54] Süddeutsche Zeitung, 19.02.2010.
[55] Passauer Neue Presse, 17.02.2010.
[56] DIE WELT, 02.02.2010.

Gewalttaten"[57] doch angeboten, eher ein Milch-
produkt oder Mineralwasser zu überreichen.

Auch, ob eine Benefizaktion für das Projekt
„Brennpunkt Hauptschule" geeignet ist, ausge-
rechnet **Wein** zu Grunde zu legen, sei füglich
bezweifelt, wenngleich die Idee durchaus lobens-
wert scheint. So veranstaltete der Rotary-Club
Karlstadt-Arnstein am 8. Mai 2010 eine
Versteigerung fränkischer Sonderabfüllungen und
weiterer **Spitzenweine**: „Der Erlös der
Weinauktion, für die Kultusminister LUDWIG
SPAENLE die Schirmherrschaft übernommen hat,
fließt uneingeschränkt den Hauptschulen in
Karlstadt und Arnstein zu."[58] Da sich das
Verzeichnis der Winzer, die an der A(u)ktion
beteiligt waren, wie das Who's Who der fränkischen
Weinelite liest (u. a. **Weingüter** Zehnthof, Schloss
Sommerhausen, Juliusspital, RAINER SAUER,
Bürgerspital zum Heiligen Geist, MAX MÜLLER I,

---

[57] a. a. O.
[58] MainPost vom 07.05.2010.

HORST SAUER und HANS WIRSCHING) und der gute Zweck unverkennbar ist, war das Bayerische Staatsministerium für Unterricht und Kultus gleich doppelt vertreten: „Staatssekretär MARCEL HUBER aus dem Kultusministerium sagte: ‚Ich bin hier, weil ich das Projekt als ein bürgerschaftliches Engagement ansehe, das ich unterstützen möchte.'"[59]

Überhaupt scheinen sich Bildungspolitik und **Wein** gut zu vertragen. Wie anders ist die Teilnahme des Bildungsstaatssekretärs WINFRIED WILLEMS aus Sachsen-Anhalt an der Grundsteinlegung einer Schule zu erklären, die den verlockenden Namen „Am **Weinberg**" trägt? Wir können ihm nur zustimmen, wenn WILLEMS ausführt: „‚Ein positives Lernumfeld hat zweifelsohne große soziale und pädagogische Wirkung.'"[60] So wollen wir hoffen, dass die 250 Schülerinnen und Schüler der neuen Sekundarschule genau zwischen

---

[59] a. a. O.
[60] Pressemitteilung des Kultusministeriums Sachsen-Anhalt, 29.06.2010. Mit Argwohn dagegen betrachten wir das Alkoholpräventionsprogramm „Lieber schlau als blau" mit seinen „konkreten Lernerfahrungen" aus Brandenburg (16.09.2010).

„Lernumfeld" und „**Weinfeld**" zu differenzieren vermögen!

Unbenommen bleibt aber natürlich, dass das Traubenprodukt durchaus zur Entspannung bei-zutragen vermag: „[Die FU-Vorsitzende ANGELIKA] NIEBLER sagte, SEEHOFER könne sich das Werk [= Film: ‚Was Frauen wollen'] gut mit seiner Frau bei einer Flasche **Rotwein** anschauen."[61] Es stellt sich in diesem Zusammenhang lediglich die Frage, ob NIEBLER nicht gleich den **Rotwein** anstelle der DVD hätte verschenken sollen, erfährt man doch häufig auch bei einem Glas **Wein** manches, was ansonsten ungesagt – und unbekannt – bliebe.

Dies gilt nicht nur, aber natürlich auch für die Europäische Union, glaubt man der Süddeutschen Zeitung: „Europäische Kommissare, Diplomaten oder Beamte bleiben lieber inkognito, wenn sie offen über Europa reden. Zu ihnen gehört Herr K. Er sitzt an einem Sommerabend in einem Restaurant

---

[61] Passauer Neue Presse, 01.03.2010.

51

am Place Jourdan, fünf Minuten entfernt vom Europaviertel [Brüssels], er verspeist einen Salat und trinkt **Rotwein** dazu."[62]

Unbekannt soll ein anderes Projekt nicht bleiben, das sich einer politisch brisanten und bedeutsamen Aufgabe verschrieben hat, geht es doch um eine Thematik, die uns immer wieder in Nachrichten und Zeitungen begegnet, gegen die der Einzelne aber häufig machtlos erscheint. Auf-gerufen werden soll zur Unterstützung der folgenden Aktion: „Ein Teil der Einnahmen [= für ein **Weinpaket** der DLG-Jungwinzer] geht an die Organisation ,**Wine** saves life e. V.', die weltweit Hilfe für Kinder in Not leistet."[63]

Wein im Zusammenhang sozialer Projekte finden wir auch im Kochbuch „Mei Leibspeis … schmeckt nach mehr", mit dessen Erlös die Pfarrei St. Christoph in Friedrichshofen

---

[62] Süddeutsche Zeitung, 05.07.2010.
[63] Für Sie, 20/2010.

ihre Gemeindefahne finanzieren will. „KARIN SEEHOFER kocht gerne gefülltes Brathuhn. Der ERC-Profi THOMAS GREILINGER mag Filetsteaks mit Pfifferlingen, und Oberbürgermeister ALFRED LEHMANN liebt Apfelbackes mit **Weinschaum-soße**.“[64]

Dass jemand, der einen guten Tropfen schätzt, dennoch nicht immer als geeigneter Kandidat für Empfänge taugt, musste unlängst der Parlamentarische Staatssekretär STEFFEN KAMPETER erleben, der während der krankheitsbedingten Abwesenheit WOLFGANG SCHÄUBLES dessen Platz im Kanzleramt einnahm: „Doch ins Ausland schicken will MERKEL den lebensfrohen Freund von Popmusik und **Rotwein** offenbar nicht.“[65]

Bleiben wir also mit STEFFEN KAMPETER im Inland und werfen einen Blick in die bayerische Provinz: „Dazu stärkten sich alle mit einem Schluck

---

[64] Donaukurier, 26.06.2010.
[65] DER SPIEGEL, 04.10.2010.

‚Schwarzenauer Rosengarten', einer Premiere. Denn bei dem Müller-Thurgau Kabinett handelte es sich um die erste Ernte aus Schwarzachs neuer und einziger **Weinlage**. Launisch [!] begrüßte Minister MARKUS SÖDER die anwesenden Hoheiten des **Weins** sowie der Landkreise und Gemeinden."[66] Bei so viel **Wein** war es sicherlich nicht einfach, sich immer wieder den eigentlichen Grund des Zusammenkommens ins Gedächtnis zu rufen: ein autofreier Sonntag in Franken.

Überhaupt: Franken und sein **Wein** sind (fast) immer vertreten, wenn es um hohe diplomatische Kunst geht. Kein Wunder also, dass HANS-PETER SCHMIDT, der neue Honorarkonsul der Tschechischen Republik, auf die Frage: „Wenn Sie einem Franken, einem Oberpfälzer oder einem Tschechen einen nachbarschaftlichen Rat geben sollten, was würden Sie ihm sagen?" antwortete: „Wir haben bei der Eröffnung des Konsulats versucht, fränkische und tschechische Stärken zu vereinen. Wir haben

---

[66] MainPost, 03.05.2010.

Frankenwein ausgeschenkt und tschechische Musik gemacht.“[67]

▲ „Weinstube Franken“. In der Tafel spiegelt sich das Treppenhaus der Bayerischen Vertretung in Berlin.

---

[67] Mittelbayerische Zeitung, 23.06.2010.

Die Koalition CDU/CSU und FDP

Manchmal, so gewinnt man beinahe den Eindruck, ist der Bezug auf Essen und Trinken bedeutsamer als der Hinweis auf begleitende politische Ereignisse. Wer die Berichterstattung über die Gipfeltreffen der Koalitionäre MERKEL, WESTERWELLE und SEEHOFER seit Beginn des Jahres 2010 aufmerksam verfolgte, musste zu der Überzeugung gelangen, der **Wein** stehe im Vordergrund aller Entscheidungen. Vergleichen wir diesbezüglich die Berichterstattung anlässlich des ersten Treffens am 17.01.2010 im Berliner Gourmet-Restaurant „Borchardt". Anfangs war man ob der kulinarischen Details, nicht aber im Hinblick auf das Ergebnis, noch etwas unsicher. „Ein Abendessen und ein guter **Rotwein** verbessern immer die Stimmung."[68] Im Nachhinein wusste die Presse dann manches besser: „Das war kein freundlicher Plausch bei einem Gläschen **Rotwein**, sondern ein Krisengespräch mit dem Ziel, endlich in ruhigeres Fahrwasser zu gelangen."[69] Ja, sogar die Farbe des **Weins** musste anschließend korrigiert werden: „Bei drei Steaks, zwei Glas **Weißwein** [Insgesamt? Für jeden?] und einem Sekt im ‚Borchardt' ließ man sich lächelnd und hemdsärmelig fotografieren."[70] Da wollte auch die Financial Times nicht zurückstehen und präzisierte: „Im Restaurant bestellen sie erst Sekt und **Weißwein**, dann rohes Fleisch."[71] – als solle der Hinweis auf die barbarische Zubereitungsweise des Gerichts den Zustand der Koalition illustrieren. Für den politisch Interessierten lieferte auch die Lindauer Zeitung Hintergrundinformationen, die ästhetisch nicht unerheblich sind: „Da saßen die

---

[68] Frankfurter Allgemeine, 17.01.2010.
[69] Augsburger Allgemeine, 18.01.2010.
[70] Münchner Merkur, 18.01.2010.
[71] Financial Times, 19.01.2010.

drei auf den bordeauxfarbenen Sitzbänken bei **Weißwein** und Beef Tartare [...]."[72]

Vergleicht man die Berichterstattung über dieses erste Treffen mit dem des zweiten am 24.02.2010, so ist eine merkliche Degeneration zu konstatieren; nicht nur, was das Klima zwischen den Koalitionären anbelangt, sondern auch in Bezug auf den **Wein**: „Im Kanzleramt gibt es am Mittwochabend Rindfleisch mit Kartoffelpüree, dazu Salat, etwas Brot und Käse, aber nicht den sonst üblichen **Wein**, sondern nur alkoholfreies Bier – schließlich ist ja Fastenzeit, und irgendwie passt die Speisen- und Getränkefolge auch ganz gut zum eher freudlosen Anlass."[73] Man darf gespannt sein, ob zum dritten Treffen der Parteivorsitzenden nur noch Wasser und Brot gereicht werden, Fastenzeit hin oder her …

---

[72] Lindauer Zeitung, 19.01.2010.
[73] Augsburger Allgemeine, 26.02.2010.

58

Insbesondere die Kanzlerin wird da gerne an vergangene Zeiten zurückdenken, als man sich im Rahmen der Großen Koalition zusammensetzte und Politik machte, denn damals erschien manches einfacher, einträchtiger – einfach besser: „Bei **Wein** und Bier werde es gewiss lockerer zugehen als morgens in den offiziellen Sitzungen."[74]

Offensichtlich hat GUIDO WESTERWELLE diese Anregung inzwischen aufgegriffen, weil seine Umfragewerte selbst unterhalb tiefster **Weinkeller** liegen. Im Juni „traf er sich erstmals seit seiner Regierungsübernahme mit jenen rund 40 Abgeordneten der Fraktion, die im September [2009] neu in den Bundestag gewählt worden waren. Bei **Wein** und Bier im THOMAS-DEHLER-Haus lernten viele dieser Parlamentarier WESTERWELLE erstmals persönlich kennen".[75]

---

[74] taz, 07.10.2009.
[75] WELT AM SONNTAG, 20.06.2010.

Ob diese Maßnahme (allein) dazu geeignet ist, die Koalition vor dem Ende zu bewahren, scheint nicht nur uns zweifelhaft. „Das sind Szenen einer Ehe kurz vor der Scheidung', sagt ein Kabinettsmitglied und betont, dass er nur einen ganz billigen **Rotwein** darauf wetten würde, dass die Koalition bis 2013 hält."[76] Zurückliegende oder andauernde Diskussionen wie beispielsweise um die Pränataldiagnostik lassen deshalb vermuten, alle drei Parteien seien mehr auf der Suche nach potenziellen Fettnäpfchen als um eine sinnvolle Regierung bemüht. Der Opposition kann man nur raten, abzuwarten und **Wein** zu trinken – WESTERWELLE erledigt den Rest.

Dass dieser Zusammenhang inzwischen ein offenes Geheimnis ist, darauf weist auch DER SPIEGEL hin: „Und in WESTERWELLE reifte die Erkenntnis, dass er stürzen wird, sollte die Koalition weiter stolpern. Man trank **Rotwein** und führte nächtliche Telefonate, am Ende vereinbarten die

---

[76] WELT AM SONNTAG, 13.06.2010.

Parteichefs eine faktische Abschaffung der Wehrpflicht […], sie einigten sich auf die Grundzüge eines Energiekonzepts und versprachen sich in die Hand, auch bei anderen Themen dieses Herbstes keinen Streit um des Streits willen zu suchen."[77]

Vielleicht – wir wollen es hoffen –, hält die Koalition deshalb ja wider Erwarten doch noch bis zu ihrem turnusmäßigen Ende und das Kabinettsmitglied liegt mit seiner Wette falsch – wissen wir doch, dass Politiker (nicht nur) hier Mängel aufweisen: „Kistenweise **Wein** haben die Landtagsabgeordneten vor der letzten Wahl auf die Ergebnisse gewettet (und meistens verloren)."[78]

Es bleibt der Wunsch, dass die Koalitionäre noch einmal an den Anfang ihrer gemeinsamen Regierungszeit anknüpften, da bereits damals der **Wein** – freilich in ganz anderen Zusammen-hängen – eine Rolle spielte: „Schon in den

---

[77] DER SPIEGEL, 13.09.2010.
[78] Münchner Merkur, 25.06.2010.

Koalitionsverhandlungen schrumpften die lang beschworenen Gemeinsamkeiten. Trotz putziger Süßigkeiten-Folklore – es gab schwarze Lakritze und gelbe **Weingummis** – wurde der Ton schnell gereizt: ‚Naiv' fanden führende Unionsleute die Liberalen, ‚SPD-infiziert' nannten die bald die neuen Partner."[79]

Von Partnern kann indes kaum mehr die Rede sein, glaubt man der BILD-Zeitung (was man freilich nicht sollte). Beim Gillamoos-Volksfest in Abensberg jedenfalls füllten Spitzenpolitiker die Zelte: „SPD-Chef SIGMAR GABRIEL macht das Jungbräu-Festzelt voll. Bayerns Gesundheitsminister MARKUS SÖDER (CSU) spricht im Hofbräu-Zelt. Sein Lieblings-Feind, Bundesgesundheitsminister PHILIPP RÖSLER, (FDP) darf ins **Weinzelt**."[80]

---

[79] Focus, 19.07.2010.
[80] BILD München, 06.09.2010 (originale [und originelle] Kommasetzung).

Von Liebe zwischen den Christsozialen und den Freidemokraten mag da kaum jemand reden, doch sogar solche Personen gibt es: „Später am Abend, als die erste Runde **Wein** ausgeschenkt ist, da trauen sich die Liberalen wieder was. Die Abgeordnete JULIKA SANDT steht auf und kündigt einen Wettbewerb an. ,Weil wir in der Liebe mit der CSU nicht so viel Glück haben, versuchen wir es mit dem Spiel', sagt sie und kichert."[81] Ob hier bereits Anzeichen eines Lagerkollers anlässlich der Herbstklausur der bayerischen FDP zu sehen sind, sei dahingestellt; zu konstatieren ist jedoch: Politik (sowie Koalitionen) sind kein Spielball, für lustige Momente ist **Wein** zuständig.

So bleibt uns heute nur mit Wehmut an die alten Zeiten zu denken, als es da hieß: „CSU-Vorsitzender und Ministerpräsident HORST SEE-HOFER sowie FDP-Chef GUIDO WESTERWELLE griffen strahlend nach einem Pils, Bundeskanzlerin ANGELA

---

[81] Süddeutsche Zeitung, 13.09.2010.

MERKEL stieß mit einem Glas **Weißwein** auf das neue Bündnis an …"[82]

Wir wollen hoffen, dass es JULIA KLÖCKNER bei ihren politischen Ambitionen besser geht; den Grundstein hat sie – natürlich mit **Wein** – bereits gelegt: „JULIA KLÖCKNER (37), designierte CDU-Spitzenkandidatin für die rheinland-pfälzische Landtagswahl 2011, spricht im Mainzer Dom über den **Wein** und die Bibel. Die studierte Theologin und Parlamentarische Staatssekretärin im Bundes-agrarministerium nimmt […] auf Einladung von Dompfarrer FRANZ-RUDOLF WEINERT an der **Johannisweinsegnung** teil […]."[83]

---

[82] Straubinger Tagblatt, 25.10.2010. Ohne Funktionsbe-zeichnungen, ansonsten gleichlautend auch in: Augsburger Allgemeine, 27.10.2010.
[83] Rhein-Zeitung, 23.12.2009.

Internationale Weinkultur

Wein gehört untrennbar zu Deutschland. Diesen Satz hätte man vielleicht vor einigen Jahrzehnten nicht so dezidiert formulieren können und noch heute wird die Bundesrepublik im Ausland häufig mit Bier in Verbindung gebracht (wofür nicht zuletzt der Bekanntheitsgrad des Oktoberfests sorgt). Dennoch: Ein grundlegendes Kriterium deutscher Staatsbürgerschaft basiert auf dem Rebensaft: „Der deutsche Pass ist längst nicht mehr so begehrt wie vor zehn Jahren. [...] Im Jahr 2000, als das neue deutsche Staatsangehörigkeitsrecht in Kraft getreten war, hatten noch fast doppelt so viele Ausländer den begehrten **weinroten** Pass der Bundesrepublik beantragt und erhalten."[84]

---

[84] DIE WELT, 30.06.2010.

In anderen Zusammenhängen allerdings tun sich die Honoratioren schwer, dem **Weingenuss** zu frönen, vor allem dann, wenn der Wähler offensichtlich nicht seiner Pflicht nachgekommen ist, die richtige Partei zu wählen: „Als die Seezungen-Spinatroulade schlecht zu werden droht, lässt der Bundestagspräsident persönlich zähneknirschend das Essen ausgeben. Es findet eh kaum noch Absatz. Den abgewatschten Gewinnern schmeckt nichts, die knapp gescheiterten Verlierer haben wenig zu feiern. Man belässt es bei einem Glas **Weißwein**. **Rotwein** wird nicht ausgeschenkt, Angst um die Parlamentsteppiche."[85]

Weniger Angst hatte man nur kurze Zeit darauf im engsten Kreis: „Bei Rehschulter mit Brennesel und römischem Ampfer erholte sich die politische

---

[85] Münchner Merkur, 01.07.2010. In diesem Fall allerdings war es nicht der Wähler, der den Politikern einen Strich durch die Rechnung machte; es waren diese selbst. Bei der angesprochenen Wahl, mit der keiner zur Gänze glücklich war, handelt es sich um die Kür CHRISTIAN WULFFS zum Bundespräsidenten. Er war im ersten und zweiten Wahlgang überraschend klar durchgefallen.

Elite vom Nackenschlag. Bis weit nach Mitternacht saßen die Parteichefs der Koalition nach der verkorksten Wahlzeremonie mit dem neuen Bundespräsidenten zusammen. CHRISTIAN WULFF und ANGELA MERKEL stießen im Berliner Nobellokal ‚Facil' mit **Rot-** und **Weißwein** an, vier Gänge lang."[86]

▲ Schloss Bellevue, Amtssitz des Deutschen Bundespräsidenten in Berlin.

Relevanz besitzt **Wein** freilich nicht nur in deutschlandpolitischen Zusammenhängen, sondern auch auf europäischer Ebene und in globalen Dimensionen. So wusste sich der neue EU-Energiekommissar und „Europa-Schwabe" GÜNTHER

---

[86] Münchner Merkur, 02.07.2010.

OETTINGER gleich richtig einzuführen in der Stuttgarter Landesvertretung in Brüssel: „Treffen mit neuen Mitarbeitern, Empfänge für europäische und heimische Prominenz und das obligatorische [!] Glas **Wein** in der gemütlichen ‚Schwarzwald-stube'."[87] Politisch Beschlagene und **Wein**-Kundige zweifeln lediglich daran, ob seine englische Sprachkompetenz durch mehr **Wein** zu verbessern gewesen wäre oder aufgrund übermäßigen Konsums so ist, wie sie für alle offensichtlich und über YouTube verbreitet wurde.

Überhaupt tun sich die Länder Deutschlands, die mit **Weinbauregionen** gesegnet sind, häufig darin leicht, diesbezügliche Errungenschaften auch auf dem internationalen Parkett in die Waagschale zu werfen. Eine Delegation aus Bayerns kanadischer Partner-Region Quebec kam solcherart in den Genuss einer „Gourmet-Dienstreise durch den Freistaat": „Nach dem Mittagessen im Hotel Eisenhut geht's nach Würzburg, wo nach einer

---

[87] Focus, 13.02.2010.

Firmenbesichtigung der Staatliche Hofkeller samt **Weinprobe** und ein Abendessen in der Residenz warten."[88]

▲ Galadinner im Bayerischen Landtag (Maximilianeum).

Natürlich kann es nicht immer gelingen, ganze Delegationen nach Bayern zu holen. In diesem Fall gilt das Motto: „Wenn der Berg nicht zum Propheten kommt, muss der Prophet zum Berge gehen." So ist es nur selbstverständlich, dass sich während der Internationalen Grünen Woche in Berlin der Frei-

---

[88] BILD München, 22.02.2010.

staat Bayern „außerdem mit Spezialitäten wie Weißwürsten, Leberkäs, Brezen, **Frankenwein** und Bier"[89] präsentierte. Auf die steigernde Reihenfolge sei an dieser Stelle explizit hingewiesen!

Differenzieren muss man in diesem Fall zwischen geladenen Gästen, quasi den oberen Hundert, die bei ihrem Bummel durch die Ausstellungshallen freizügig verköstigt (und, wenn der Wunsch danach besteht, „abgefüllt") wurden, und dem Normalverbraucher: „Etwa 20 Euro gibt jeder Gast für Essen und Getränke aus. Die anderen 80 Euro, die durchschnittlich pro Besucher ausgegeben werden, gehen für Einkäufe von Lebensmitteln wie Wurst, Fleisch oder **Wein** drauf."[90]

Selbst regional geprägte landwirtschaftliche Betriebe orientieren sich zwischenzeitlich an der großen, weiten Welt, wie folgendes Beispiel belegt:

---

[89] BILD München, 11.01.2010.
[90] DIE WELT, 15.01.2010.

„Dass die Verarbeitungsmethoden raffinierter werden, zeigen auch die Käse des Hallertauer Ziegenhofs in Tegernbach in Pfaffenhofen. Hier lagert der Ziegenkäse in Calvados, wird mit Trüffeln verfeinert oder reift nach französischer Art im **Weinblatt**."[91]

Und ist es nicht deutscher **Wein**, so sind es zumindest doch andere Produkte des Freistaates, die international mit dem Rebensaft konkurrieren können, ja, auf eine Stufe mit diesem gestellt werden – nämlich dann, wenn es um das sog. Weltgenusserbe Bayerns geht, das unlängst von der Europäischen Union anerkannt und mit über einen halben Million Euro gefördert wird: „Die fränkischen Würste und der bayerische Meerrettich befinden sich in exklusiver Gesellschaft: In den 19 kulinarischen Programmen aus 14 Mitgliedsstaaten, die die EU-Kommission genehmigte, sind auch San-Daniele-Schinken und Grana-Padano-Käse aus

---

[91] WELT AM SONNTAG, 23.05.2010.

Italien sowie Erdbeeren aus dem Périgord und **Weintrauben** vom Mont Ventoux."[92]

Insgesamt gesehen ist so durchaus ein Wille zur Verbesserung der **Weinqualität** vorhanden, wie auch die Teilnehmer der Münchner Sicherheitskonferenz feststellen konnten: „Er wolle den Gästen eben etwas bieten, sagt SEYBOLD [= WOLFGANG SEYBOLD, Münchner Rechtsanwalt, der seit 1982 einen eigenen, privaten Sicherheitskonferenz-Empfang organisiert] fröhlich, und früher habe es für die Siko nur ‚einen Stehempfang mit saurem **Wein** und trocknen Brezeln' gegeben."[93] Dass sich diese Situation inzwischen grundlegend gebessert hat, darüber können insbesondere US-amerikanische Politiker berichten. „Bei Saibling, Kabeljau, Steak und österreichischen **Weinen** bleiben US-Senator JOHN KERRY, der Afghanistan-Sonderbeauftragte RICHARD HOLBROOKE und Amerikas frühere Außenministerin MADELEINE ALBRIGHT bis spät-

---

[92] Süddeutsche Zeitung, 07.07.2010.
[93] Münchner Merkur, 05.02.2010.

abends."[94] – wenngleich man auch in Deutschland hätte hervorragende **Weine** finden können.

Was aber trinken deutsche (Spitzen-)Politiker, wenn sie sich im Ausland treffen? Auch dieser Frage wollen wir nachgehen, zumal die Presse anwesend ist, als zwei Vertreter dieser Species in der bayerischen Partnerregion Shandong zusammentreffen: „In dieser Umgebung kann ihn [= HORST SEEHOFER] nicht einmal SPD-Urgestein GERHARD SCHRÖDER schrecken, der wegen einer energiepolitischen Konferenz ebenfalls in der Stadt Tsingtau weilt. Einträchtig sitzen sie abends in der noblen Lounge im 20. Stock ihres Hotels zusammen und hauen sich bei **Rotwein** und Wasabi-Nüsschen die Witze um die Ohren."[95]

Auch andere deutsche Spitzenpolitiker trinken im Ausland gerne den dort heimischen **Wein**, ja, für manche ist dieser sogar Anlass genug, dort

---

[94] a. a. O., 08.02.2010.
[95] Münchner Merkur, 29.04.2010.

hinzufahren und den Urlaub in fremden Gefilden zu verbringen: „Auch Familienministerin Kristina Schröder (CDU) fährt für zwei Wochen nach Südtirol. ‚Ich habe dort noch nie Urlaub gemacht – das, was ich über Landschaft, Klima, Essen und **Wein** gehört habe, hat mich aber überzeugt', sagt sie."[96]

▲ Wein aus und in Südtirol: Blick von Bad Dreikirchen oberhalb von Klausen aus ins Etschtal.

---

[96] Nordbayerischer Kurier, 10.07.2010.

Ja, selbst mit den Menschenrechten steht **Wein** in einem engen Verhältnis. Nach den Jahren der BUSH-Regentschaft in den Vereinigten Staaten erhofften sich Aktivisten mit dem Amtsantritt BARACK OBAMAS eine Neuorientierung der US-amerikanischen Politik auch in dieser Hinsicht. Doch die Schlagzeile „**Wein** predigen, Wasser trinken"[97] deutet bereits eine gewisse Ernüchterung an – im wahrsten Sinne des Wortes.

Gipfeltreffen sind gerade in der Politik willkommene Gelegenheiten, im Rahmen opulenter Festmähler oder karger „Arbeitsessen" auch das eine oder andere Glas **Wein** zu konsumieren. Um wie viel mehr mag dies der Fall sein, wenn der **Wein** im Mittelpunkt eines solchen Gipfels steht, ja: wenn es sich gar um den 2. Mainzer **Weingipfel** handelt, bei dem 180 Teilnehmer über die Rahmenbedingungen des **Weinbaus** diskutieren: „Angemeldet haben sich Abgeordnete des Europäischen Parlaments, des Bundestages und des rheinland-

---

[97] Rheinischer Merkur, 15.04.2010.

pfälzischen Landtages. Darüber hinaus werden **Weinbaupolitiker** und Repräsentanten der **Weinwirtschaft** aus allen wichtigen **Weinbau** treibenden Ländern Europas im ZDF-Konferenzzentrum erwartet."[98] Wir sind uns sicher, dass bei so viel Diplomatie (und **Wein**) die Thesen allein deshalb „in Brüssel und in Straßburg Gehör finden werden", wie Ministerpräsident KURT BECK ankündigt, weil manches doppelt gesehen bzw. kodifiziert wird.

Ein Kapitel, das bereits im Titel den Begriff „Kultur" trägt, sollte diese natürlich auch noch mehr veranschaulichen als bislang geschehen. Haben wir uns in diesem Zusammenhang bereits mehrfach mit Literatur und Lescförderung auseinandergesetzt, wollen wir nun die Musik in den Mittelpunkt stellen, namentlich das Mozartfest in Würzburg, das häufiger für Staatsempfänge genutzt wird. So lud der bayerische Ministerpräsident HORST SEEHOFER

---

[98] Pressemitteilung der Landesregierung Rheinland-Pfalz, 15.09.2010.

auch 2010 Gäste in den dortigen Hofgarten ein: „Sie sollten sich in den Rücken des Ministerpräsidenten begeben; das ist ein Zustand, den ich täglich erlebe, wenn ich von Freunden umzingelt bin', meinte SEEHOFER launig. Bei **Weinen** vom Hofkeller, Bier der Würzburger Hofbräu als Sponsor des Mozartfestes und Häppchen von Vogelsang klang der Abend erst weit nach Mitternacht aus."[99] – wahrscheinlich, weil es so lange dauerte, bis alle Personen aus dem Rücken des Gastgebers entfernt worden waren.

Rückenwind dagegen erfährt die bayerische Europaministerin EMILIA MÜLLER von uns, wenn sie deutsche Produkte bzw. deren Export lobt – und die Folgen schildert: „'Nur, weil wir gute Autos und Maschinen bauen, die im Ausland verkauft werden, verdienen wir das Geld für französischen **Wein** oder Urlaub in Griechenland.'"[100]

---

[99] MainPost, 28.06.2010.
[100] Mittelbayerische Zeitung, 12.11.2010.

DIE LINKEN und der rechte Wein

Vorbei sind die Zeiten, als man sich im kommunistischen oder auch nur linksgerichteten Milieu vermeintlich bürgerlichen Genüssen abhold zeigte. (Kritiker mögen an dieser Stelle einwenden, solche Zeiten habe es ohnehin nie gegeben.) Inzwischen findet man – siehe vorne – den **Wein** nicht nur in den Namen linker Politiker, sondern auch auf deren Tischen. Nur folgerichtig gesteht der neue Parteivorsitzende der LINKEN, KLAUS ERNST, denn auch ein, neben seiner Leidenschaft für den privaten Porsche auch anderen Genüssen nicht abgeneigt zu sein: „Wir predigen **Wein**, aber wir trinken ihn auch.'"[101]

---

[101] Frankfurter Allgemeine, 14.03.2010.

Dabei begleitet der Rebensaft durchaus bedeutsame politische Entscheidungen: „Doch LAFONTAINE wollte sich wieder nicht festlegen und erbat sich weitere Bedenkzeit. Verlangte er beim **Rotwein** als Bedingung für seine Rückkehr auch den Abtritt von BARTSCH?"[102] Zurückverfolgen lässt sich diese Problematik bis zum Jahreswechsel: „Begonnen hatte sie mit einem Neujahrsempfang der Linken im Reichstagsgebäude. Während die Genossen bei Sekt, **Wein** und Bier feierten, zogen sich die Spitzenfunktionäre zu Beratungen zurück."[103]

Dabei können gerade die Kontrahenten LAFONTAINE und BARTSCH davon berichten, dass man auch bereits in harmonischer Runde dem Alkohol zugesprochen hatte: „Es ist halb zehn Uhr abends, als OSKAR LAFONTAINE am 6. Mai 2008 das Lokal in der Reinhardtstraße in Berlin-Mitte verlässt. Zwei Stunden hatten er und die Genossen GREGOR

---

[102] DER SPIEGEL, 18.01.2010.
[103] a. a. O., 01.02.2010.

GYSI und DIETMAR BARTSCH bei **Wein** und Bier zusammengesessen."[104] Es bleibt festzuhalten, dass **Wein** imstande ist, vielerlei zu begleiten: Zusammenkunft und Freundschaft ebenso wie Trennung und Gegnerschaft …

… wogegen auch die CSU nicht gefeit scheint, traute man ihr dies aber doch eher bei einer Maß Bier zu. Dennoch: „PHILIPP GRAF LERCHENFELD nutzte die Gelegenheit, um bei einem Glas **Wein** am letzten Abend der Klausur in Kreuth mit dem Gerücht aufzuräumen, er habe mit einem konspirativen Kreis um Umweltminister MARKUS SÖDER einen Putsch gegen den Fraktionsvorsitzenden GEORG SCHMID geplant."[105] Man kann nur hoffen, dass sich der Sachverhalt nicht darstellt wie bei Bundesligatrainern: Je häufiger man deren Unverzichtbarkeit betont, desto näher erscheint der Zeitpunkt der Kündigung.

---

[104] STERN, 25.02.2010.
[105] Mittelbayerische Zeitung, 15.01.2010

Zugegebenermaßen scheint das letzte Zitat unter der gewählten Kapitelüberschrift kaum subsumierbar; ein Grund mehr, im Folgenden die Leidenschaften eines Politikers vorzustellen, dessen Nähe zu linkem, ja: kommunistischem Gedankengut allgemein bekannt ist, weniger jedoch seine Passion für **Wein**: „Zum ersten Mal seit 44 Jahren treffen sich die Kommunisten Nordkoreas. In der Zwischenzeit hat sich nicht viel getan, jedenfalls nicht in Nordkorea. Und was sich tut, ist meist geheim, abgesehen von […] der Liebe des größten Führers aller Zeiten, Nordkoreas Gröfaz KIM JONG-IL, zum Terroir."[106]

Doch spätestens seit WILLY BRANDTS Kanzlerschaft weiß man, was **Wein** bei den Linken auszurichten vermag, welch stimulierende Wirkung ihm zugeschrieben werden kann: „WILLY BRANDTS Umgebung flüchtete oft in die Ausrede ‚Grippe' und ‚Erkältung', wenn der Kanzler von schweren Depressionen überfallen wurde und sich tagelang in

---

[106] Frankfurter Allgemeine, 08.09.2010.

abgedunkelte Zimmer verkroch. Seinem Amtschef HORST EHMKE gelang es oft erst nach Tagen, mit einer Flasche **Rotwein** an BRANDTS Bett vorzudringen und ihn mit der Aufforderung ‚WILLY, aufstehen, wir müssen regieren!' zu dringenden Unterschriften zu animieren."[107]

Noch unschlüssig in unserer Bewertung sind wir im Hinblick auf eine Aussage, dass die Sozialdemokratische Partei die Qualität des **Weins** auch im Falle einer Regierungsübernahme in Baden-Württemberg nicht zu ändern gedenkt. So äußerte sich unlängst der Spitzenkandidat der SPD, NILS SCHMID, in einem Interview unter der Überschrift „Wir werden nicht mit Bio-**Wein** und Öko-Ciabatta regieren" folgendermaßen: „Wir werden – anders als die Grünen – im Landtagswahlkampf hervorheben, was zur Stärkung unserer industriellen Kerne getan werden muss. Mit **Wein** vom Ökowinzer und Oliven-Ciabatta allein lässt sich

---

[107] Focus, 30.08.2010.

82

Baden-Württemberg nicht regieren."[108] Sollte es darüber in den Reihen der SPD noch Aufklärungs-bedarf geben, so sei an dieser Stelle gleich hinzugefügt, dass es tatsächlich mehr zur Regierung eines Landes bedarf, vorzugsweise beispielsweise eine regierungsfähige Partei oder deren zwei respektive mehrere, ein Kabinett und weiterer Gremien mehr.

---

[108] Frankfurter Allgemeine, 12.10.2010.

Die Wurzel allen Übels?

Man mag es gar nicht erwähnen, dass **Wein** eine nicht unbedeutsame Rolle auch, ja: gerade bei gesellschaftspolitischen Verwicklungen spielte und spielt.

Noch ausstehend sind in diesem Zusammenhang zwar Studien, die sich detailliert mit den Auswirkungen von **Wein** auf die Französische Revolution auseinandersetzen, selbst wenn bekannt ist, dass auch Winzer beim Sturm auf die Bastille beteiligt waren, da der Preisrückgang bei **Wein** und Getreide unter anderem die Verdienste der **Weinbauern** zunichte gemacht hatte. Doch die Erinnerung an schwerwiegendes Ungemach sowie die Befürchtung zukünftiger Probleme mit **Wein** verhinderten auch in Deutschland manche Reform:

„Sei es, dass sich der RENZ-Vorgesetzte [= Regierungsdirektor FRITZ RENZ, ehem. Referent im rheinland-pfälzischen Weinbauministerium], der **Weinbauminister** STÜBINGER, von der Erinnerung an den Winzeraufstand von Bernkastel leiten ließ (1926 stürmten 5000 Moselwinzer das Finanzamt des Moselortes und brachten dadurch die damals bestehende **Weinsteuer** zu Fall), sei es, dass es ihm nicht opportun erschien, just im Wahljahr auf Winzerstimmen zu verzichten – der Entwurf des Regierungsdirektors [= zur Qualitätsentwicklung deutschen **Weins**] gedieh nicht weiter."[109]

Betrachtet man einige der letzten und großen Skandale der bundesdeutschen Politik im Jahr 2010, so stand (fast) immer der **Wein** Pate für Exzesse. Hier ist beispielsweise die Diskussion um die Käuflichkeit politischer Entscheidungen im Zusammenhang mit der Reduzierung der Mehrwertsteuer bei Hotelaufenthalten zu nennen, die die FDP und ihre Verbindungen zum Milliardär AUGUST

---

[109] DER SPIEGEL, 19.07.1961.

VON FINCK ins Licht rückten: „Prominente Freidemokraten wie GUIDO WESTERWELLE, HERMANN OTTO SOLMS und OTTO GRAF LAMBSDORFF waren dabei, als 280 Gäste bei **Wein** und gegrilltem Wildschwein aus der Jagd des Gastgebers feierten und später die Liberalen großzügig mit Spenden bedachten. [sic!]"[110]

Scheinbar ist es gerade die FDP, die häufiger in Misskredit gerät, wenn **Wein** im Spiel ist, glaubt man weiteren Belegen. So erregten die Gepflogenheiten von Außenminister GUIDO WESTERWELLE die Gemüter, was die Zusammenstellung von Delegationen bei Auslandsreisen anbelangt. Ob nun der Geschäftsführer der Firma „Far Eastern", an der auch WESTERWELLES Bruder KAI beteiligt ist, RALF MAROHN, bereits mit dem rheinland-pfälzischen SPD-Ministerpräsidenten in China gewesen ist oder nicht, diesen Sachverhalt versuchten WESTER-WELLES Krisenmanager mit einem unscharfen Photo zu belegen, das BECK und MAROHN auf einer

---

[110] DER SPIEGEL, 25.01.2010.

86

Weinbörse in China zeigt.[111] So begrüßenswert es auch ist, sich im Ausland auf einer **Weinbörse** zu treffen, so falsch war auch die Behauptung, MAROHN sei Mitglied der offiziellen Besuchergruppe BECKS gewesen: Die beiden hatten sich dort zufällig getroffen.

Durch die gesamte Presselandschaft Deutschlands ging die Alkoholfahrt der Ratsvorsitzenden der Evangelischen Kirche in Deutschland, MARGOT KÄßMANN, die 2007 in einem Interview bekannt hatte, wie schwer ihr der Verzicht auf Alkohol in der Fastenzeit fällt: „Ich merke auf einmal, wie sehr ein Glas **Wein** am Abend zur Gewohnheit werden kann.'"[112] Diese Gewohnheit ließ KÄßMANN am Abend des 20. Februar 2010 zur Promillesünderin werden: „Sie hat getrunken, ihrer Erinnerung zufolge zwei Gläser **Wein** und zwei Gläser Sekt, was aus jetziger Sicht schwer zu

---

[111] Vgl. dazu DER SPIEGEL, 15.03.2010.
[112] Financial Times, 24.02.2010.

glauben ist."[113] So blieb der Spruch aus dem Alten Testament – zumindest in diesem Fall – für die Landesbischöfin und Ratsvorsitzende inhaltsleer: „„Der **Wein** erfreut des Menschen Herz.""[114]

▲ Margot Käßmann beim Ökumenischen Kirchentag in München 2010.

Da klingt es fast wie Hohn, dass es die ehemalige Ratsvorsitzende inzwischen in den Rang eines Kunstgegenstandes geschafft hat. Der

---

[113] Süddeutsche Zeitung, 25.02.2010.
[114] a. a. O.

bayerische Karikaturist REINHOLD LÖFFLER montiert prominente Gesichter in die Werke bedeutender Maler und stellte 2010 fest: „„Für Frau KÄßMANN brauchte ich eine Frau mit **Weinglas**, da wird man schnell bei den holländischen Malern fündig.'"[115] Laut Begleittext des Kunsthistorikers ULRICH KÜHNE saß während der folgenreichen Trunkenheitsfahrt im Übrigen der niederländische Genremaler GERARD TER BORCH neben KÄßMANN, da dieser „die Bischöfin bei einer dienstlichen Degustation zur Auswahl neuer **Messweine** zeichnete. Da TER BORCH [aus einsichtigen Gründen: er lebte von 1617 bis 1681] selbst keinen Führerschein besaß, ließ er sich von KÄßMANN mit dem Auto nach Hause fahren."[116]

Nicht minder tragisch schließlich ist die unheilvolle Rolle des **Weins** im Gewalt- und Missbrauchsskandal an Schulen. So habe sich der Internatsdirektor einer Schule in Bayern

---

[115] Münchner Merkur, 15.10.2010.
[116] a. a. O.

„[…] ‚abends im Schlafsaal zwei, drei von uns Jungs ausgesucht, die er in seine Wohnung mitnahm'. Bei reichlich **Rotwein**-Konsum habe er dann mit den Buben masturbiert."[117] Auch der zwischenzeitlich aller Ämter enthobene, ehemalige Augsburger Bischof WALTER MIXA geriet „im Zusammenhang mit den **Wein**-Bestellungen über 5000 Mark auf Rechnung des Kinderheims unter MIXA als Stiftungschef" zunächst in die Kritik, dann ins Abseits[118], so dass die Frankfurter Allgemeine konstatierte: „Es geht um […] **Wein** und die damit verknüpfte Problematik. Grauenhaft."[119]

Es ist nicht verwunderlich, dass die Presse diese Thematik voller Begeisterung aufgriff und mit der Zeit immer neue Details der Affäre veröffentlichte, zumal als eine geheime Akte über das angeblich schwere Alkoholproblem des umstrittenen Bischofs der Öffentlichkeit zugespielt wurde. DER SPIEGEL kommentierte süffisant: „So

---

[117] Münchner Merkur, 08.03.2010.
[118] Süddeutsche Zeitung, 21.04.2010.
[119] zitiert nach: a. a. O.

erinnere sich etwa ein Mitarbeiter des ehemaligen Augsburger Bischofs daran, dass MIXA über den Tag verteilt **Wein** und andere Alkoholika getrunken habe; der Zeuge mutmaße, MIXA sei ein ‚Spiegeltrinker', versuche also, einen mehr oder minder gleichbleibenden Alkoholpegel zu halten."[120] Man selbst ist geneigt zu mutmaßen, als ‚SPIEGEL-Leser' hätte MIXA weniger Probleme bekommen …

An dieser Stelle scheint es angebracht, die voranstehende Aussage ein wenig zu relativieren: **Wein** soll zu einer wie auch immer gearteten Problematik beitragen? Und dieser Zusammenhang wird zusätzlich als „grauenhaft" tituliert? Nein, nein, dies ist nicht gerechtfertigt. Um wie viel mehr schätzen wir da doch DIE WELT, die **Wein** in den richtigen Zusammenhang bringt: „Mit Geld der Stiftung sollen in MIXAS Zeit als Stadtpfarrer unter anderem Kunstgegenstände, Teppiche und **Wein-vorräte** angeschafft worden sein."[121] Geht man

---

[120] DER SPIEGEL, 20.06.2010.
[121] DIE WELT, 21.04.2010.

darüber hinaus von einer Klimax in dieser Liste aus – von Kunstgegenständen über Teppiche bis hin zu **Wein** –, so wollen wir bei aller Kritik MIXA doch zu Gute halten, dass er Geld, wenn schon fälschlich, so doch für das Richtige veruntreut hat.

▲ Es braut sich etwas zusammen über dem Brandenburger Tor in Berlin; der Connaisseur bevorzugt Flaschengärung.

Noch nicht absehen lassen sich die Auswirkungen des nachfolgend genannten Ereignisses. Man muss zudem wohl noch etwas abwarten, um beurteilen zu können, ob eine

Sortierung unter der Überschrift „Die Wurzel allen Übels?" korrekt und der Grundstein für einen Skandal gelegt ist. Wie auch immer – der **Wein** ist dabei: „Bei Tapas, **Rotwein** und Bier beriet die Männerrunde [= sog. Andenpakt: Zusammenschluss renommierter CDU-Politiker] über Pfingsten im sonnigen Barcelona nicht nur über den Rücktritt von Hessens Ministerpräsident ROLAND KOCH, man sprach auch über ‚die Orientierungslosigkeit der Bundesregierung' und die ‚Zukunft der Partei'. In der Berliner CDU-Zentrale schrillten nach dem Treffen die Alarmglocken."[122]

Unnötig ist es zu erwähnen, dass natürlich auch bei den ersten Überlegungen des hessischen Politikers der **Wein** eine Rolle gespielt hatte: „Am Abend des Pfingstmontags versammelt KOCH ein Dutzend hessischer Parteifreunde und Vertrauter bei sich zu Hause in Eschborn. Man sitzt im

---

[122] Handelsblatt, 27.05.2010.

Wohnzimmer, es gibt Südtiroler **Wein** und Schnittchen."[123]

▲ Dekoration eines Tagungsraums in der Hessischen Landesvertretung in Berlin.

Vorenthalten wollen wir dem werten Leser natürlich auch die Nachfolgezeit nicht, welcher die Süddeutsche Zeitung das Etikett „Ein Geschmäckle" verpasste. Bereits die Gerüchte um eine möglicherweise zukünftige Rolle des ehemaligen hessischen Ministerpräsidenten als Vorstandsvorsitzendem des

---

[123] DER SPIEGEL, 31.05.2010.

Baukonzerns Bilfinger Berger sorgten für Unmut in eingeweihten Kreisen, obwohl KOCH eine Affinität zum zweitgrößten deutschen Bauunternehmen attestiert wurde: „Dabei kann man ROLAND KOCH eine gewisse Leidenschaft fürs Bauen nicht absprechen. Ob beim Umbau der Wiesbadener Staatskanzlei oder beim Neubau der Hessischen **Staatsweingüter**, der damalige Ministerpräsident ging da stets aktiv und engagiert an seine Bauherrnrolle."[124] Auf Missfallen der Presse stieß gleichwohl, dass der Politiker nun diese mit 1,5 Millionen Euro dotierten Aufgabe annehmen könnte, obgleich selbst kein Bauingenieur, dafür aber langjähriger Bekannter des Aufsichtsratsvorsitzenden von Bilfinger Berger und früheren Chefs der Dresdner Bank, BERNHARD WALTER.

Spätestens jetzt ist auch für den Laien klar, dass zum Abschied KOCHS nur ein Künstler in Frage kommt, für die musikalische Umrahmung zu sorgen: „Vor zwei Jahren hat ROLAND KOCH angeprangert,

---

[124] Süddeutsche Zeitung, 28.10.2010.

dass es zu viele kriminelle jugendliche Ausländer bei uns gibt. In diesem Jahr lässt er bei seinem Abschied UDO JÜRGENS spielen, den Mann, der uns mit ‚Griechischer **Wein**‘ die Südländer geradezu ins Land gesungen hat.“[125]

Rücktritt, Intrigen und Verrat? All dies steht auch im Mittelpunkt des Films „Der große Kater“ über einen imaginären Schweizer Bundes-präsidenten, bei dessen Vorstellung im Bayerischen Landtag der Hauptdarsteller BRUNO GANZ für einen Eklat sorgte, als er verkündete, das sei „der richtige Film am richtigen Ort mit den richtigen Leuten“. Zuvor war der Senatssaal zum Kino umfunktioniert worden, doch damit war die Filmförderung dann auch am Ende: „Sogar Champagner gab es, sonst wird bei den entsprechenden Festlichkeiten der staatliche **Frankenwein** ausgeschenkt. Aber der Champagner, das betonte STAMM [= BARBARA

---

[125] KulturSPIEGEL, 30.10.2010. Auszug aus dem Entwurf einer aktuellen Bierzeltrede des Kolumnisten RALF HUSMANN für HORST SEEHOFER.

Stamm, bayerische Landtagspräsidentin] mehrmals, der ging nicht auf Kosten des Parlaments."[126]

Bei so viel persönlichen Intrigen und politischem Ränkespiel muss man sich nicht wundern, wenn manche Politikerin und mancher Politiker nach einigen Jahren aussehen wie nach einer durchzechten Nacht. Will man auch in diesem Fall vom **Wein** nicht lassen, sei das Produkt „L'Or de Vie La Crème" der Firma Polyphenole empfohlen: Für unbescheidene 690 EUR für 100 ml erhält die Käuferin einen „wirksamen Radikalenfänger" aus den Tropfen des auf Château d'Yquem produzierten Sauvignon. Politischen Hardlinern sei gesagt: Um damit auch politisch Radikale ins Gefängnis zu bringen, erscheint der Preis relativ hoch, zudem die Substanz nicht geeignet.

Sogar in der seit dem Jahr 2005 andauernden Diskussion um Hartz IV spielt **Wein** eine Rolle, worauf die BILD-Zeitung hinweist: „Soll das neue

---

[126] Süddeutsche Zeitung, 27.10.2010.

Hartz IV wie bisher auch Kosten für Alkohol und Tabak enthalten? Vom bisherigen Regelsatz von 359 Euro/Monat sind fast 20 Euro für Tabak und Alkohol vorgesehen. 11,58 Euro gibt es für Zigaretten, Zigarren etc., 7,52 Euro für Bier, **Wein**, Schnaps."[127] Bedenkt man, dass man dafür beispielsweise gerade einmal eine Flasche 2009er Weißburgunder „Classique" vom **Weingut** WALTER SKOFF erhält (immerhin inklusive Versand), so ist klar, dass man damit durchaus sparsam umgehen muss.

Ein weiteres Gesetz ist ebenfalls geeignet, (auch) den **Weinkonsum** zumindest ansatzweise etwas einzuschränken, glaubt man der Münchner Abendzeitung: „Drückerkolonnen klingeln nicht mehr an der Haustür. Sie rufen an. Täglich werden zigtausend Bürger von dreisten Verkaufsprofis überrumpelt. ‚Sie wollen doch sicher sparen? Oder gewinnen?', sind die am meisten gebrauchten Sprüche. Ja klar, sagen viele Leute arglos – und

---

[127] BILD bundesweit, 24.09.2010.

sitzen am Ende in Zeitschriften-Abos fest, haben Lotterielose gekauft, **Wein** bestellt, Finanzprodukte und Abhebungen vom Konto am Hals oder sind zu einer neuen Telefongesellschaft gewechselt."[128] – wogegen (eigentlich) seit dem 4. August 2009 ein Gesetz zur Bekämpfung unerlaubter Telefon-werbung in Kraft trat. Prinzipiell begrüßenswert, doch sollte dadurch nicht ausgeschlossen werden, dass einmal auch das Château Pétrus anruft und ein Fass **Wein** zur Subskription anbietet. Hier würde der Verfasser von einer Anzeige absehen, voraus-gesetzt, der Preis stimmt.

„Tu felix Austria!" Ob dieser Satz auch heute noch Bestand und Berechtigung hat, sei dahingestellt. Unbestritten sind die Qualitäten unseres Nachbarn als **Weinproduzent**. Doch was die Politik anbelangt, so sind hier Einschränkungen angebracht, wie der Skandal um die Vettern-wirtschaft des ehemaligen Kärntner Landeshaupt-manns JÖRG HAIDER vor Augen führt – wenn seine

---

[128] Abendzeitung, 15.07.2010.

verbliebenen Getreuen vor Gericht und Polizei aussagen und die Bedeutung ihrer Vergehen minimieren: „Mal ein Aschenbecher, eine gute Flasche **Wein** oder ein gebrauchter Golfschläger, mehr sei für den Finanzminister damals nicht abgefallen, hat ‚MEISCHI' [= WALTER MEISCHBERGER, österreichischer Unternehmer und ehemaliger Politiker der FPÖ] den Ermittlern treuherzig versichert."[129] Allein dafür, dass man „Aschenbecher" und „gebrauchte Golfschläger" in eine Reihe mit einer „guten [!] Flasche **Wein**" stellt, gehört die Strafe für eine derartige Korruption eigentlich deutlich erhöht!

Dass man sich über schlechten bzw. falschen **Wein** sogar profilieren kann, beweist die christsoziale deutsche Verbraucherministerin ILSE AIGNER, wenn sie gegen nachfolgend genannte Praktiken vorgehen und einen Internet-Pranger einrichten will: „Pizzen mit Analogkäse, von Enzymen gebundenes Klebefleisch, schweinefreier

---

[129] DER SPIEGEL, 04.10.2010.

Schinken aus pflanzlichen Zutaten, fruchtarme Joghurts mit prallen Kirschen auf dem Etikett, Aromastoffe aus Buchenspänen oder Saale-Unstrut-**Weine**, die mit badischen Trauben aufgefüllt werden – die Liste tatsächlicher oder vermeintlicher Verbrauchertäuschungen wird immer länger und die Wut der Verbraucher immer größer."[130] – mit Ausnahme wahrscheinlich der badischen Winzer, die eine Qualitätssteigerung von **Weinen** aus dem Saale-Unstrut-Gebiet feststellen konnten.

Ach, zu unserem Leidwesen ist's damit nicht genug der Verwicklungen und Skandale im Zusammenhang mit **Wein**. Wohin man blickt: **Wein** steht am Anfang, in der Mitte und am Ende von zweifelhaften Geschäften und eindeutigen Krisen – dies zeigt auch der Kauf der Hypo Alpe Adria, der den bayerischen Steuerzahler auf Jahre hinaus Schlagzeilen darüber beschert, was mit seinen Milliarden geschieht: „Über das Mittagessen auf der

---

[130] Wirtschaftswoche, 11.10.2010.

Klockerhube [= Anwesen des österreichischen Investors TILO BERLIN am Kärntner Ulrichsberg] haben SCHMIDT [= WERNER SCHMIDT, Chef der Bayerischen Landesbank] und BERLIN zunächst nur zögerlich Auskunft gegeben. Bei den Vernehmungen begannen sie erst detailliert darüber zu reden, als die Ermittler ihnen mit Hilfe der Akten die Erinnerung auffrischten. SCHMIDT fiel dann sogar wieder ein, dass Frau BERLIN seiner Gattin beim Spaziergang Edelkrebse gezeigt habe. Derweil saßen die Herren bei einem Glas **Wein** auf der Terrasse und erörterten strategische Fragen."[131] Aus heutiger Sicht ist man geneigt zu vermuten, dass eine dieser strategischen Frage lautete: „Wie schade ich dem Freistaat Bayern auf lange Sicht nachhaltig?" oder doch so, wie die Süddeutsche Zeitung formuliert: „Eine harmlose Plauderei bei einem Glas **Wein** – oder eine illegale Absprache?"[132]

---

[131] Süddeutsche Zeitung, 17.06.2010.
[132] a. a. O.

Wasser im reinen Wein

Aus den bisherigen Ausführungen ergibt sich, dass Politiker immer wieder (den) **Wein** im Munde führen – sei es *in natura* oder sprichwörtlich. So äußerte sich die bayerische Arbeitsministerin CHRISTINE HADERTHAUER zu den Beschäftigungszahlen des Freistaats im Februar 2010: „Das Wasser im **Wein** des relativ stabilen Arbeitsmarkts ist die Tatsache, dass dieser weniger der sich erholenden Konjunktur als vielmehr dem Instrument der Kurzarbeit geschuldet ist, das aber weder der finanziell gebeutelte Staat noch die von den (bei ihnen dennoch verbleibenden) Remanenzkosten belasteten Betriebe jahrelang schultern können."[133] Sicherlich hätte man dies auch prägnanter, dann aber auch mit weniger Alkohol sagen können!

---

[133] Fränkischer Tag, 26.02.2010.

Überhaupt geht es Politikern häufig nicht darum, Prägnantes, Stichhaltiges und Eindeutiges kurz zu sagen. Wahrscheinlich deshalb ist die Politikverdrossenheit immer wieder in aller Munde (anstelle des **Weins**), weil „die Bürger klare Fakten und Daten – reinen **Wein** sozusagen – sehr schätzen".[134] – und diesen bekommen sie, wenn überhaupt, nur noch in **Weindepots** oder beim Winzer selbst: „Abermals hat die Bundesregierung damit die Chance verpasst, der Öffentlichkeit reinen **Wein** einzuschenken über die tatsächlichen Zustände in Afghanistan."[135]

Was machen die Politiker stattdessen? Sie gerieren sich als Spielverderber, als Zauderer und manchmal gar als Panscher, wie dies sogar auf europäischer Ebene deutlich wird: „Ausgerechnet Kommissionspräsident JOSÉ MANUEL BARROSO, der sich gerne als Kämpfer für den Lissaboner-Vertrag

---

[134] Focus, 01.02.2010.
[135] Frankfurter Rundschau, 31.01.2010.

gab, hat nun aber einen kräftigen Schuss Wasser in diesen **Wein** [= Nachbarschaftspolitik] gekippt."[136] Erschreckend ist, dass BARROSO damit nicht alleine steht und auf europäischer Ebene damit inzwischen von einem sehr verdünnten **Wein** auszugehen ist, heißt es doch von ANGELA MERKEL ebenfalls: „Die Kanzlerin hat schon Wasser in den **Wein** gekippt und gesagt, dass dafür [= Europäischer Währungs- fond] der Maastricht-Vertrag geändert werden müsste."[137] So ist es nicht verwunderlich, dass das Verhalten mancher Funktionsträger auf deutliche Kritik stößt: „‚Wer gegenüber den Mitgliedsstaaten Wasser predigt, darf nicht selbst **Wein** trinken'", formulierte der europapolitische Sprecher der CSU- Landesgruppe im Bundestag, THOMAS SILBERHORN, zum Ansinnen BARROSOS auf Mehrausgaben im Etatentwurf für 2011.[138]

Nur gerecht und parteipolitisch ausgewogen erscheint es, an dieser Stelle sofort auch einen

---

[136] Frankfurter Allgemeine, 02.02.2010.
[137] DIE WELT, 10.03.2010.
[138] Frankfurter Allgemeine, 26.05.2010.

SPD-Parlamentarier zu Wort kommen zu lassen, der Gleiches in Bayern festzustellen glaubt: „Die Staatsregierung predigt Wasser und trinkt selbst **Wein** – so etwas hat eine verheerende Wirkung."[139], so der Abgeordnete VOLKMAR HALBLEIB über den Sparkurs der Regierung, der durch die Einrichtung einer neuen Stabsstelle im Wirtschaftsministerium konterkariert werde.

Dabei sind es nicht nur Politiker, die Gefahr laufen, wichtige Sachverhalte (wie **Wein**) zu verwässern. Manchmal sind es auch deren Kontrahenten, denen man diese Unsitte vorwerfen muss: „Doch die IG Metall gießt Wasser in den **Wein**: ‚Hinter diesen optimistisch stimmenden Zahlen verbirgt sich eine ernüchternde Wirklichkeit', sagte der für Sozialpolitik zuständige Vorstand HANS JÜRGEN URBAN dem Handelsblatt."[140]

---

[139] WELT AM SONNTAG, 24.10.2010.
[140] Handelsblatt, 26.10.2010.

▲ Johannisfest in Mainz 2010 vor dem Dom zu St. Martin.

Selbst herausragende Politiker sind nicht dagegen gefeit, als **Weinpanscher** bezeichnet zu werden. So kommentiert die Süddeutsche Zeitung das wohl eher zögerliche Verhalten des bayerischen Ministerpräsidenten SEEHOFER, den Augsburgern die Absage für den Bau einer Universitätsklinik kundzutun, mit den Worten: „Der

Regierungschef hat aber offenbar nicht den Mut, den Schwaben reinen **Wein** einzuschenken."[141]

Es ist evident, dass man auch innenpolitisch **weinseligen** Sprichwörtern nicht abgeneigt ist: „Die Forderungen der SPD seien alter **Wein** in neuen Schläuchen."[142] Mit diesem Satz antwortete THOMAS BUTTER, Sprecher der Hamburger Innenbehörde, auf den Vorschlag eines sozialdemokratischen Neun-Punkte-Programms zur Gewaltprävention. Damit warf er der SPD sprichwörtlich gerade das vor, was diese zu bekämpfen hoffte: Alkoholmissbrauch – es sei denn, bei dem „alten **Wein**" handelte es sich um einen besonders guten Tropfen eines exquisiten Jahrgangs; dann (aber nur dann) ließe sich ein solches Umfüllen rechtfertigen, beispielsweise um einen Korkenfehler zu kurieren.

Das Sprichwort an sich wird in der Politik häufiger verwendet, um Neuansätze konkurrieren-

---

[141] Süddeutsche Zeitung, 12.01.2010.
[142] Hamburger Abendblatt, 08.03.2010.

der Parteien zu diffamieren und ihnen gleich einen ältlichen Charakter zu attestieren. Eine der umstrittensten Maßnahmen der Regierung, die Gesundheitsreform, kam deshalb auch nicht um eine entsprechende Notiz: „Diese Studie [= zum Beleg des Zusatznutzens eines neuen Arznei-mittels] soll dann von unabhängiger Seite genau geprüft werden. Ziel der Analyse ist letztlich, festzustellen, ob es sich tatsächlich um ein innovatives Medikament handelt oder lediglich um alten **Wein** in neuen Schläuchen."[143]

Auch die Diskussion um eine sog. Medienabgabe erscheint DER WELT so neu nicht: Sie fragt, nicht zu Unrecht, wo „denn für den normalen Bürger der Unterschied [sei], ob es eine Zwangsgebühr ist oder eine Steuer? Insofern ist eine Medienabgabe auch nur alter **Wein** in neuen Schläuchen."[144] Sollte es also tatsächlich zu einer Abschaffung der GEZ und gleichzeitigen Einführung

---

[143] Augsburger Allgemeine Zeitung, 11.03.2010.
[144] DIE WELT, 13.01.2010.

einer „Medienabgabe" kommen, so sollten die Landesrundfunkanstalten, dies sei an dieser Stelle angeraten, jedem Mediennutzer einen guten alten Tropfen via Kabel ins Wohnzimmer senden: Dies würde die Umstellung ein wenig erleichtern!

Nicht immer allerdings handelt es sich um ein Sprichwort, wenn „Wasser im **Wein**"[145] zu finden ist. Dies jedenfalls belegt eine Überschrift in DER WELT, gefolgt von der Erklärung: „Schimmel und schlechte Erträge: Das anhaltend nasse Wetter bedroht in diesem Jahr die **Weinernte**". Kein Wunder also, dass Bayerns Landwirtschaftsminister HELMUT BRUNNER „das **Weinjahr** daher bereits als ‚schwierig', aber auch spannend [bezeichnete]: Alles hänge jetzt vom Können der Winzer und ihrem Fingerspitzengefühl ab."[146] Man mag nur hoffen, dass sie da der Politik um Längen voraus sind!

---

[145] DIE WELT, 01.10.2010.
[146] a. a. O.

Politik auf Wein – das lass sein! – oder: Der mündige Bürger

„„Und gerade auf Sizilien braucht ein **Wein-produzent** ausserordentlich viel Zeit. Denn die Insel ist noch immer ein Gebiet, das mitten in der Entwicklung steckt und eine dunkle Zeit hinter sich hat, weil …' ,Sie meinen wohl die Mafia?' ,Nun, ich möchte dieses Wort vermeiden. Ich nenne das Ganze lieber einen Mischmasch aus Politik und Machenschaften.'"[147]

Bei diesen Sätzen handelt es sich um einen Auszug aus dem Interview, das der **Weingut-besitzer** sowie Gründer der Rock-Gruppe „Simply Red" MICHAEL HUCKNALL der Zeitschrift „vinum" gab. „Ein Mischmasch aus Politik und Machenschaften"?

---

[147] Vinum, 10/2010.

Nun, dass eben dies gefährlich ist, zumal dann, wenn auch noch **Wein** im Spiel ist, dies sollten die vorausgehenden Seiten aufzeigen. Statt dessen sollte **Wein** zu besonderen Gelegenheiten mit Genuss getrunken werden, von politisch Verantwortlichen wie vom mündigen Bürger, denn mit **Wein** verhält es sich ebenso wie mit Politik: Nur, wer einen **Wein** getrunken hat, vermag seine Güte zu beurteilen; und nur wer sich politisch betätigt, vermag zu bewerten, was gesellschaftspolitisch klug und sinnvoll ist. Sich nur zurückzulehnen und zu schimpfen – das wird keinem **Wein** und keiner Politik gerecht. Insofern stellt dieses Buch auch einen Aufruf dar, sich für demokratisch legitimierte Parteien zu engagieren – und daneben einen guten **Wein** zu verkosten. Der werte Leser wird feststellen: Beides lohnt!

Unseren Politikern ist zu wünschen, dass sie sich ihrer Verantwortung für uns und für unseren Staat ständig bewusst sind. Dazu zählt auch, dass sie großen Herausforderungen mit Augenmaß gegenüberstehen und von einem Essen, vor allem aber von einem „Trinken im Akkord" Abstand nehmen („Weit über 20 Mal werden AIGNER und WOWEREIT während ihres Rundgangs [bei der Grünen Woche in Berlin] vor die Wahl gestellt: Bier? **Wein**? Schnaps? Sekt? Oder lieber Milch?"[148]).

Zu groß ist ansonsten nämlich die Gefahr, dass Politik praktiziert wird, deren Auswirkungen vergleichbar sind mit der Bezeichnung eines Landes in einer Zeitung, wenn es dort heißt: „**Nordrhwein**-Westfalen".[149]

Abschließend bleibt deshalb nur noch auf die Bedeutung des **Weins** und seiner Produzenten auf die deutsche Staatsverfasstheit *in toto* einzugehen, denn bereits 1961 resümierte DER SPIEGEL, eine Meldung der Süddeutschen Zeitung wiedergebend: „Die Winzer [...] demonstrieren also in diesem Gesetzentwurf – ebenso wie bei der Landtagswahl

---

[148] DIE WELT, 16.01.2010.
[149] Süddeutsche Zeitung, 02.02.2010.

durch ihre Stimmabgabe für die Deutsche Reichspartei – eine weltanschauliche Kehrtwendung zum autarken Nationalstaat, der seine Bürger gegen alle fremdländischen Einflüsse schützt, wie etwa gegen freie Einfuhren aus den EWG-Ländern."[150] Wir können mit Überzeugung konstatieren: Dieser Abwehrkampf gegen ausländische Produkte geschieht inzwischen mit Hilfe der Qualität des deutschen **Weins** – und dies überzeugend!

Wein als Vorbild? Die Besinnung auf eigene Qualitäten und Förderung tradierter Wertmaßstäbe sollten auch Bestandteil der Integrationspolitik Deutschlands sein, selbst wenn sich dies im Einzelfall als langwieriger Prozess gestalten kann: „Sachsen-Anhalts CDU-Ministerpräsident WOLFGANG BÖHMER gießt Wasser in den **Wein**: Ja, die [Integrations-]Probleme etwa an den Schulen seien lösbar – doch nur schrittweise."[151]

---

[150] DER SPIEGEL, 19.07.1961.
[151] Neue Presse, 04.11.2010.

Vieles konnte auf den voranstehenden Seiten nicht erwähnt werden, zu vielfältig sind die Verbindungen von **Wein** und Politik, zu oberflächlich dagegen manchmal Medien. Dies merkte auch der CDU-Fraktionsvorsitzende WERNER DAUM in einer bewegenden Rede für den scheidenden Westerwälder Landrat PETER PAUL WEINERT an: „WEINERT habe den Weg zu den Herzen der Menschen gesucht und gefunden. Lautes Getöse in den Medien sei ihm fremd. Wichtige Dinge des Lebens würden leise gesprochen."[152]

… und für die Momente des Lebens, in denen selbst dies noch zu laut ist, empfehlen wir einen Schoppen guten **Weins**. Wohl bekomm's!

---

[152] Westerwald Kurier, 06.11.2009. Zuvor hatte die Rheinzeitung (25.08.2008) vermeldet: „Tritt WEINERT, der schon seit 23 Jahren Landrat des Westerwaldkreises ist, tatsächlich zur Direktwahl an, dürfte kaum ein Herausforderer eine realistische Chance haben." Nur konsequent ist, dass dem krankheitsbedingten Abschied mit ACHIM SCHWICKERT ein (Partei-) Freund folgte.

Erwähnte Politikerinnen und Politiker (sowie weitere Personen)[153]

ADENAUER, KONRAD (CDU; ehem. deutscher Bundeskanzler): 31

AIGNER, ILSE (CSU; Bundesministerin für Ernährung, Landwirtschaft und Verbraucherschutz): 99, 112

ALBERT VON SACHSEN-COBURG UND GOTHA (Prinzgemahl der ehem. englischen Königin Victoria): 46

ALBRIGHT, MADELEINE (ehem. US-Außenministerin): 71

BARROSO, JOSÉ MANUEL DURÃO (EVP, Präsident der Europäischen Kommission): 103, 104

BARTSCH, DIETMAR (DIE LINKE; MdB): 78, 79

BECK, KURT (SPD; rheinland-pfälzischer Ministerpräsident): 25, 75, 85, 86

BERLIN, TILO (österreichischer Investor): 101

BLANKENHORN, HERBERT (CDU; ehem. persönlicher Referent Konrad Adenauers): 31

BÖHMER, WOLFGANG (CDU; Ministerpräsident Sachsen-Anhalts): 113

---

[153] Alle Angaben wurden nach bestem Wissen und Gewissen zusammengestellt. Aufgrund demokratischen Wahlverhaltens oder eigener Unzulänglichkeit kann es aber im Einzelfall zu Irrtümern gekommen sein, die ich zu entschuldigen bitte. Teilweise wurde nur eine Auswahl der vielfältigen Ämter und Funktionen angegeben.

Der Verfasser:

Martin Sachse-Weinert (*14.10.1964 in München) studierte Germanistik sowie Geschichte für das Lehramt Gymnasium und war sechs Jahre lang an einem bayerischen Gymnasium als Lehrer tätig, ehe er in die Bildungsadministration wechselte. Neben diversen Publikationen zu pädagogischen, germanistischen und historischen Themen beschäftigt er sich seit einigen Jahren mit dem Thema „Literatur und Wein", zu dem er auch Lesungen anbietet.

Vom gleichen Verfasser bereits erschienen:

„In vino varietas – Wein in der Literatur"

Das Buch vereint wissenschaftliches Forschungs-interesse mit kulinarischer Passion: Das Vorkommen von Wein in Werken der Weltliteratur wird zum einen detailliert nachgewiesen, zum anderen auch amüsant verknüpft.

312 Seiten mit Zitaten von 333 Autoren.

Norderstedt: Books on Demand 2010

ISBN: 978-3839180655, € 19,90

„A u torghje si bei – Wein aus Korsika"

Dieses Büchlein gibt einen Überblick über die Traditionen der korsischen Küche, veranschaulicht die Geschichte des korsischen Weinbaus, gibt Kauf- und Trinkempfehlungen und zeigt Perspektiven auf. Ein aktueller Ratgeber für Laien und Connaisseure mit hilfreichen Internet-Adressen.

44 Seiten mit zahlreichen Farbfotos.

Norderstedt: Books on Demand 2010

ISBN: 978-3842319332, € 6,90